Madrid

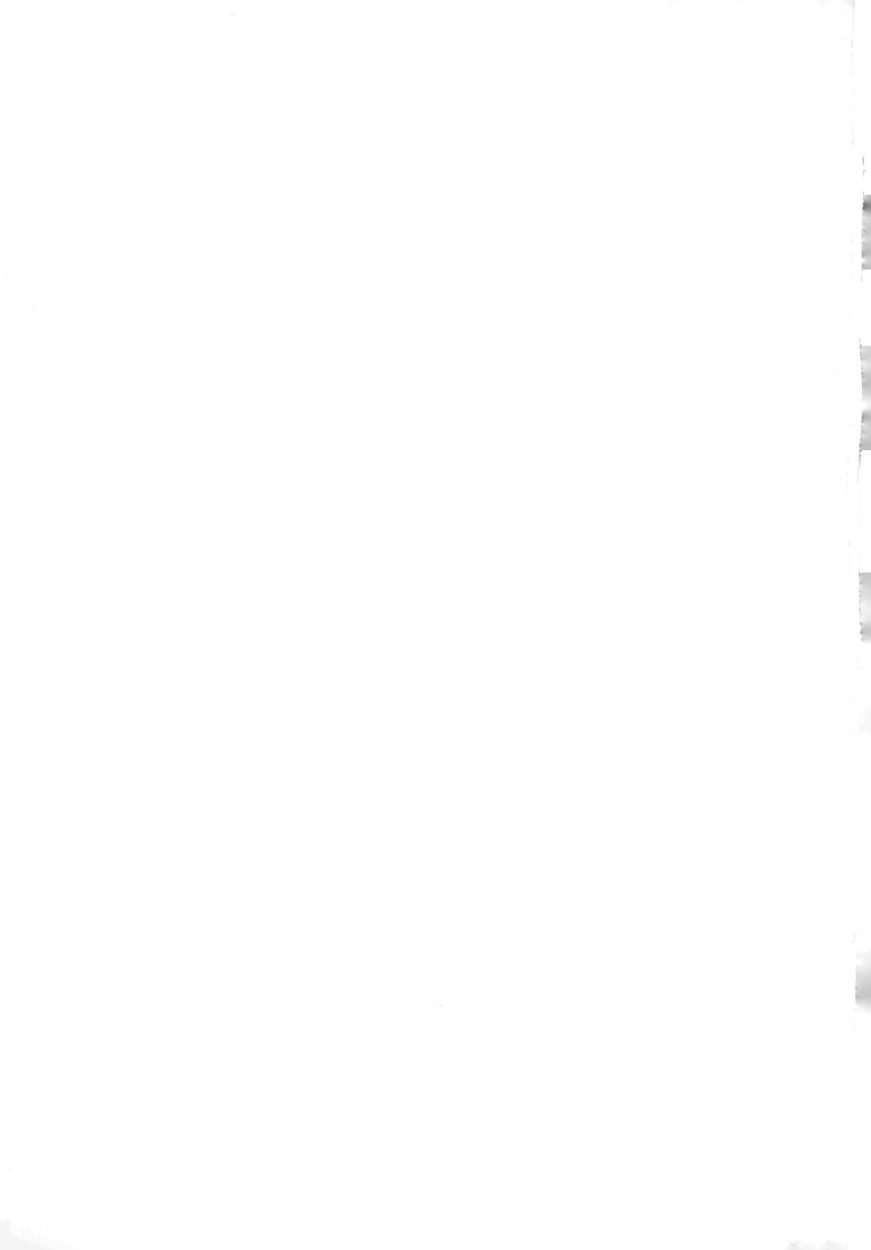

René Schwob

Cuadros de Madrid

casimiro

casimiro [*casimiroa edulis*]

Textos sacados de René Schwob (París, 1895 - Vence, 1946)
  Profondeurs de l'Espagne, Éditions Bernard Grasset, Paris 1928
Traducción anónima publicada en *Profundidades de España*,
  Casa Editorial Araluce, Barcelona, 1929

En portada: Diego Velázquez, *Cristo crucificado* (detalle), c. 1632
  Museo del Prado, Madrid

© Casimiro libros, 2025
  www.casimirolibros.es

ISBN: 978-84-19524-39-3
D.L. : M-25952-2024

CUADROS DE MADRID

VELÁZQUEZ Y GOYA

Grandeza de la figura humana. Solemnidad del cuerpo.

La gran preocupación de Velázquez es identificarse con la realidad de los seres.

Esta divinización del hombre, esta manera de elevarlo a su grado sumo, con el solo propósito de captarle la forma, causa estupefacción.

Es volverse a encontrar con la sobriedad de la meseta castellana.

Aquí no se nos presenta al hombre, como en Van Dyck en función de lo decorativo, sino que toda la naturaleza se organiza, en función del hombre, a su alrededor.

Curioso resulta comprobar que aun los más nobles retratos de Rubens carecen de tal grandeza.

Sus personajes están en "postura", así el rostro como las ropas.

El mismo Goya, tan perseguido por el recuerdo de Velázquez, pone mayor esmero en concretar la irradiación de la carne y la música de los elementos, que en relevar la solemne estructura corporal.

Del Greco, cuyas figuras tienen incondicionalmente vocación mística, a Goya que las diluye en modulaciones aéreas, pasando por Velázquez que, por así decirlo, las consagra arquitectónicamente, asistimos a una regresión del concepto de Dios, y, por descontado, a una prodigiosa metamorfosis del hombre.

Toda humanidad verdadera parece haber desaparecido de Goya. El hombre queda reducido a estado de criatura carnal. Helo aquí con mayor propiedad: del Greco, para quien el cuerpo no existe sino en función de su fin, a Goya, para quien no es más que un poco de polvo teñido, la pintura y el alma españolas han realizado una especie de revolución perfecta.

Al fondo de unas salas cavernosas, la zarabanda de los "Caprichos". Da miedo una alegría tan artificial, semejante contracción de rostros y contorsión de cuerpos. Estas escenas momentáneas, cuajadas para la eternidad, son fotografías esenciales de lo perecedero.

Mejor que en sus célebres retratos aparece Goya, tal como se le imagina de antemano, en estas composiciones de su fantasía. Y luego, los retratos, le disuaden a uno con hipocresía, pues no se trata sino de una pupila abierta a la grotesca estupidez; de la existencia.

Goya es el más trágico de los pintores. No es la casualidad lo que le hace ilustrar los horrores de la guerra, sino su propensión. Lo sospecho muy parecido al caso de Baudelaire, tendidos los bracos a un Dios que se le oculta, limitado a reproducir el aspecto más patéticamente insípido del universo. Pintor de las risadas en medio de la fiebre, obsesionado por la inconsistencia del mundo.

Tan apasionada querencia a lo extravagante de las cosas es indicio delator de lo que constituía el sujeto de sus aparentes cuidados: un misticismo sin nutrición, un dolor sin remedio.

¡Cómo encontrar encanto y halago en una pintura así!

Todos sus personajes conllevan un perpetuo gusano que los devora. Es desolador; el delirio de un alma encarnizada.

Ello da a esta pintura una apariencia de teatralidad. El mundo se reduce, para Goya, a unas cuantas decoraciones de cartón piedra, donde aparecen distintos títeres, para desvanecerse, como en las alucinaciones desesperadas.

No descubro en la pintura de Velázquez ninguno de los ritmos en los cuales creí, hasta ahora, que había de hacer radicar el secreto de la belleza, sino la rigidez de un naturalismo desconcertante.

Su amplitud se limitaría a la extensión material de sus telas, a no estar ocultamente animadas de un poder avaro de sí mismo.

La acción, punto menos que inexplicable, de esta nitidez, de esta ausencia de artificio, de este copiar directo, sin aparente exaltación, una naturaleza que todos los pintores han traspuesto bajo sus especies líricas, la contradicción, en suma, que un arte de esta índole opone a toda costumbre, obliga al espíritu a buscar alguna manera de justificar sus abstracciones.

Lo que atrae en Velázquez; es su nobleza, una sinceridad, no obstante, que no consta simplemente de fidelidad, sino de fervor ardiente. Creo que la naturaleza de su elocuencia expresiva consiste en una eximia franqueza en la que todo accidente resulta esencial; todo adorno, litúrgico, todo cuerpo, divino.

En ningún otro pintor encuentro una transfiguración tan inmediata de la forma humana. Velázquez realiza el prodigio a plena luz.

La rigidez de los miembros, la fijeza de los ojos de sus personajes tienen una virtud mágica: el proceso de la vida queda en suspenso, y el instante aprehendido entra en la eternidad.

No es pintura encaminada a los sentidos, ni busca el producir deleite al espíritu. Siendo su misión extraer de todas las cosas lo que tengan de nobleza, sólo procura elevar al alma. Al momento desconcierta, pues los ojos buscan en esta pintura u habitual alimento. Si llega a conmover, es gracias a su aparente exactitud, y en seguida cansa. Para a ser prendido por esta pintura - y de lograrlo, luego toda otra pintura empalidece, salvo la de Rembrandt, que hace cantar a las sombras de la noche -, es menester sumergirse en su orfandad de encantos. La severidad halla cumplimiento en una majestad con la que no tiene el menor contacto la flaqueza carnal. Ahora bien, es seguramente imposible comprenderla, sin imponer antes silencio en el fondo del alma. No creo que un alma vulgar capte nada de tan singular grandeza.

En este estado esotérico, la sequedad lírica, el arte de santificar la vida se levanta sobre la pintura, como San Juan de la Cruz se eleva sobre la misma poesía. Al lado de estos retratos, aun los de Holbein parecen contaminados de sentimentalismo. Velázquez, pintor de la corte, puede comprenderse como místico puro.

¿Y con esto, qué más me da de los asuntos por devotos que sean?

Se puede ser pagano pintando a Cristo, y no hay nada más distante de esa manera que la de un Velázquez o un Cézanne, en cuyas obras más vulgares cabe la glorificación de Dios. Nada de panteísmo, sino un captar el secreto de las cosas, que hace asomar el espíritu en ellas, reduciendo sus contornos a estado de trabados jeroglíficos y curvas rituales. En vez de sentirse fija, el alma, en armonía, descifra un lenguaje latente. La nobleza del espíritu reconoce a Dios en la nobleza de las formas.

Se plantea la cuestión de averiguar en qué sea el *Cristo* de Velázquez más o menos religioso que tal o cuál de sus deformes bufones, o si lo es por igual manera, y a qué se debe el que de momento no sorprenda como éstos.

El mismo acabado ascetismo. Ni el menor adorno, ni una nube, ni un árbol; fondo absoluto. No es la cruz enclavada en la cima del Gólgota, sobre el universo lleno de espanto; tampoco los dolores del divino Inmolado. Un cuerpo más concreto, menos transfigurado, si cabe, que los de la *Fragua de Vulcano*, con todo y serlo éstos poco; un cuerpo de carne; músculo blando. Y no toma de foco ajeno su resplandor. Cuerpo transluciente, claridad del mundo. Carne humana por su densidad, pero iluminada por Dios eternamente.

En las ramas de la Cruz, cuyo rótulo ostenta los caracteres más precisos, la luz; misma está prendida.

Junto a esta condensación perecedera del día, al lado de esta irradiación de la divinidad, aparece más necesaria que nunca la palidez de los personajes de Velázquez, más simbólica, más litúrgica. En torno a este *Cristo* radiante, y en función suya, se organiza todo su universo.

El universo de Velázquez es un concilio de fieles dispersos. Y en la sorprendente reunión de la mayor parte de sus obras dispuestas en tres salas contiguas del mismo museo, una especie de motivo sobrenatural. Fuera de esta reunión no seremos capaces de desentrañar la religiosidad de su pintura, virtud de un arte que se nos ofrece en rigor sintético.

Como quiera que todo retrato de Velázquez es una divinización del modelo, de su yuxtaposición resulta el carácter ecuménico de toda la obra. El orden de su mística sociedad, de su iglesia soterrada aparece, en el punto de conjunción de lo más estricto de su naturaleza y santidad, gracias al prodigio que los ha agrupado, unos junto a otros, pálidos, inmensamente agrandados, al borde de la desnudez luminosa y carnal de Cristo.

No se puede juzgar de la grandeza de Velázquez, y antes que nada de este Cristo, como no sea abarcando de una sola mirada la obra conjunta, situando, como en su centro, todas esas caras en torno a Jesús que oculta el rostro, todas esas palideces alrededor del sol que las nutre. Todos entonces, ya cabalguen ya estén de pie, ora a punto de ir de cacería ora dispuestos a entrar en palacio, silenciosos y taciturnos, se muestran tal como son: figuras orantes a los pies del Crucificado.

¿En qué consiste, pues, la nobleza de estos retratos, lo que los hace ser monumentos de arte tan altivos? ¡La nobleza de Velázquez, indudablemente! Mas lo que importa son los detalles plásticos. Observo ya que todas estas caras tienen, siendo en verdad de carne y hueso, la imperturbabilidad de las estatuas romanas más graves y aun de las bizantinas.

Y esta virtud, no tiene nada que ver con lo psicológico, sino con algo metafísico, que no parece arbitrario descubrir. Resulta sólo de su armonía. No alcanzan su máximo grado plástico, sino a costa de silencio, en un éxtasis sin gozo.

Están posando y no lo están. Tiene más que ver su manera de conducirse que lo que se diría que están pensando. Semejante fuerza de sugestión metafísica es efecto de su fisiología, o al menos, es transmitida por ésta.

La dejadez de un brazo, la manera de adelantar un pie, la gracia con que tal infanta vuelve la cabeza, he aquí lo que fija determinados prototipos, en una pintura de caracteres. Estos ilustres personajes, imperceptiblemente exagerados, no vienen a ser sino el compendio de su propensión más imperiosa. Más que vivir, se resumen. Dan la cifra de su propio secreto.

¿Santificación de la vida? era mi pregunta; ¡pero hay tantas maneras de santificarla! Ellos lo hacen sugiriendo lo que es su constitución, aparte toda atracción de su medio ambiente, de todo accidente y aun de todo placer. Lo logran a fuerza de involuntario tragicismo, de no ser más que retratos del vigor o de la endeblez que su cuerpo les hace conllevar. A fuerza de desgarrarse del tiempo, esos magníficos seres descansan en la perpetuidad, en su estado de corporeidad eterna; y no forzosamente en carne gozosa, sino en carne purificada.

Los personajes de Velázquez, semejantes a la meseta castellana, no participan en la corriente de las cosas.

Así como Castilla es sol petrificado, son ellos petrificación de sus profundos instintos, de su personalidad esencial.

No se entregan al arrastre de las horas ni de los sentidos, antes bien, imponen a lo que les circunda, el pliegue, el matiz, el volumen que los caracteriza. Y, generalmente, las masas son alargadas, las tonalidades, grises.

Su despojo los santifica.

Parécenos hallar un contacto con el África, cuya virtud consiste en reducir las necesidades al mínimo.

Retratos austeros como los de los jansenistas de Felipe de Champaña, pero nunca hostiles al mundo como ellos. Esquemas, si se quiere, pero en manera alguna abstractos como arabescos de mezquita.

Simplificación católica, en la cual participa la naturaleza por medio de la virtud que le permite al hombre actuar sobre ella (especie de influjo espontáneo que el hombre más humano ejerce, es decir, aquel de mayor dinamismo y religiosidad, el cual, por más que no actuase, sería el mejor dispuesto, el más católico en suma, por su voluntad de ser quien es, a pesar suyo).

Al contrario que la mayoría de los grandes retratistas, Velázquez rodea a sus personajes de objetos familiares o de paisaje, pero en tal forma que la presencia de estos elementos resulta su propio eclipsamiento.

Imprime a cuanto rodea al hombre la humildad que es parte de su grandeza.

Apurando su cualidad más secreta y menos temporal, menguando toda realidad junto a la suya, en contraste con la realidad invisible de su espíritu, es como este realista, imperioso y exclusivo e intransigente a pesar de su dulzura y serenidad aparentes, gracias a un afinado sentido de la jerarquía de los valores, alcanza un grado tan alto de lirismo. Nada, en torno al hombre, vive sino en sometimiento a él. Y el mismo hombre, superior a la naturaleza, en que toda la superficie plástica se reabsorbe, está ya aquí tal como aparecerá cuando el accidente que lo desnaturaliza se suma en el silencio y en la muerte.

Los grandes retratos de Velázquez son una afirmación viviente del orden del mundo, del dominio del espíritu sobre todas las cosas.

Mejor aún: sus locos y sus bufones tienen menos de deformes que de profundamente humanos, a tal grado el sufrimiento y la desgracia no parecen ser, en verdad, para Velázquez, más que motivo supletorio para esquivar lo contingente y profundizar en uno mismo, traspasándose hasta la misma esencia.

EL TICIANO, EL TINTORETTO Y VELÁZQUEZ

Si admirables son todas las obras que hay aquí del Ticiano, ¡qué distancia, no obstante, de ellas a las de Velázquez!

Más que el carácter de su plástica, lo que los distancia es una previa incompatibilidad de actitud filosófica.

La actitud filosófica de un hombre delimita lo esencial de su figura. Y aun me siento tentado de creer que el temperamento de un artista y su misma plástica, las razones que le inducen a escoger estos colores y no aquéllos, y que, sobre todo, le hacen perseguir tal asunto, cuya selección es cosa de artificio, una determinada armonía, se resuelven en propensiones metafísicas, conscientes o ignoradas.

No sería el Ticiano el pintor que es si el fondo de su índole (por más que haya pintado muchos más cuadros de asunto religioso que Velázquez) no fuese pagano, o, con mayor exactitud, panteísta. En la igualdad de importancia que concede a todas y cada una de las partes que constituyen el todo en sus cuadros, en la solicitación equivalente que dichos pormenores tienden al espíritu, entra la diferencia que tiene, sobre todo, de un Velázquez.

Donde el Ticiano yuxtapone, Velázquez; subordina.

Aun antes de sentirme infundido de la verdad católica, la necesidad de su orden, que me orientaba por instinto, obligada a mi espíritu, tanto en el amor como el aborrecimiento, a una tan certera selección, que en sí misma no se explicaba. El fundamento de mis gustos y la palpitante razón que los determinaba, era una necesidad, oscuramente sentida, de dar en toda obra, antes que con los rasgos de la belleza sensorial, con los de una belleza de jerarquía espiritual, no obstante serme desconocida.

Mis débiles luces interiores, aparte la relativa mediocridad de los ticianos de Venecia, me explican el por qué del descontento que sufrí ante dichos cuadros, en tanto que hoy, liberado por el mejoramiento de la gracia, me es posible ser más transigente con ellos; la arcana exigencia enraizada en lo profundo del alma, concede su abierta serenidad a todo, al alcanzar el espíritu sus razones metafísicas, cuando tendencias hasta este momento inexplicables y gustos en apariencia inmotivados, encuentran, a la postre, su resolución religiosa en la lucidez de conciencia.

¿*Retrato de Carlos Quinto*? Tan "retrato" del emperador, como de su casco, de su espada, de su arnés, de su cabalgadura. Esta encantadora anarquía irrita en el grado de sus hechizos. Cuadro admirable por su composición, su vida y su verismo, pero más falso y realista, y, por abarcarlo todo, menos lírico que el más concreto de los retratos de Velázquez. Esta pintura culmina en la falaz indiferencia del objetivo. No digo que no estribe en ello una de las metas del arte humano, sino que no satisface todas mis aspiraciones, ni se apodera completamente de mis potencias.

Es más, siento cierta molestia cuando me delecto en ello. La pintura del Ticiano es en exceso sensualmente halagadora para quien cifra sus preferencias en la pura embriaguez del espíritu.

Glorificación pagana de la vida, en la que las criaturas, las cosas mismas no se diferencian más que por el encanto de su piel. Hay que reconocer, no obstante, que en el Ticiano los seres y los objetos cantan con tal brillantez, que resulta una sinfonía que libra de ser vanos a los intentos del espíritu por penetrarla.

Saboreo al Ticiano clandestinamente, como si cometiera un delito.

Antes de reemprender mi exploración por Velázquez, las sorpresas del museo me brindan al Tintoretto, cuya obra me apasionaba durante aquellos mismos años en que oscuras elecciones espontáneas me alejaban, a pesar mío, del Ticiano. Me siento tentado de cerciorarme si semejante antipatía y predilección respectivas e instintivas, eran hijas, a la sazón, del mismo imperativo. Me agradaría confirmarme, estudiando al Tintoretto, en la hipótesis de que existe una metafísica fundamental de nuestros impulsos más irreflexivos.

Pues bien, lo que distingue los retratos del Tintoretto de los de Velázquez, levantados como estatuas a las cuales se subordina la estructura del cuadro, es que el Tintoretto, al contrario que Velázquez, confunde a sus personajes con la atmósfera que los envuelve. Lo mismo que para Velázquez, lo único que cuenta para el Tintoretto es el rostro de las figuras; pero éste lo entiende como un procedimiento de llegar a un acorde musical más alto, como la resolución de una nebulosa.

Algunas trayectorias señaladas orientan la mirada a los rostros, y la oscuridad de los ropajes la obligan a fijarse en ellos. No son caras en función de las cuales se organiza el cuerpo y toda la naturaleza de la obra; son más bien semblantes que surgen en cierto modo de una sombra y cuya luz interior hubiera de llegar a vencer las tinieblas.

Con esto su diferencia de Velázquez resulta ya muy notable; lo cual no obsta para que, si bien por distinto camino, sean ambos pintores religiosos.

Y he aquí dos maneras de revelar lo divino: por medio de la forma dueña de sí misma y del mundo, y por medio de la pugna por dejarlo traslucir.

Los venecianos del siglo XVI no llegan todavía al grado de madurez de Velázquez, y sus sucesores tampoco pudieron aspirar a ello. Lo que generalmente constituye la grandeza de su pintura es el arte con que hacen repercutir las curvas que compone un cuadro, hasta fundirse con la figura central de la composición toda: Venecia ubicua en medio de sus aguas.

Una gran tela veneciana da el equivalente plástico de la indecisión del alma en medio de múltiples solicitaciones esplendorosas. En vez de cristalizar en una visión del alma santificada, en una plasmación en el plano eterno de la esencia de los seres, brinda los esfuerzos de su alma inestable, que se va desenvolviendo ora con violencia, ora con indolencia.

Los rostros de los cuadros del Tintoretto punzan la tiniebla, pero no la traspasan sino después de una pereza que se dilata en la descansada tiniebla. Y si esta luz; llega a abrirse en medio de la noche, es más bien como una rosa que como un imperativo dominante.

Los mejores venecianos, los cuadros más religiosos de los maestros paganos y los que causan mayor deleite, no llegan a ser líricos más que en medio de un acariciar que vence la energía. Brindan imperfectas tentaciones de Dios, antes que la radiante negativa de Velázquez a todo lo que no sea en gloria divina.

El ritmo casi cinematográfico de ciertos tintorettos no es más que una manera de entretenerse o retrasarse.

Cuando el universo veneciano no es pagano exclusivamente, está de continuo unido a las deliciosas cadenas de los sentidos. Ahora bien, en tanto que el Ticiano se entrega de lleno a ellas casi siempre, el Tintoretto (esta es la fuente de su dramatismo) lucha contra el arrollamiento de los hechizos que él mismo difunde.

Se produce un choque, un caos erizado de gritos, en el que se perciben los esfuerzos más patéticos que hace un alma por dominar la seducción del mundo.

No es la incomparable luz de Venecia su grandeza, sino que ésta se halla en el vértigo que ofrece al espíritu atento su arquitectura sobre los cristales. La pintura veneciana y de una manera especial la del Ticiano, ofrece el equivalente plástico de una especulación peligrosa.

A su manera da también esta pintura una visión de Dios; pero por el simple juego de curvas que se corresponden y afrontan: oposición de volúmenes coloreados. Es la elocuencia de la hermosura, a punto de comprender su orden interior y formal; acaso, de la riqueza que propende a la simplicidad.

Por contraste con el Ticiano, el Tintoretto no es voluntariamente sensual. Nunca trata un detalle por el placer que le reporta. Así pues, la sensualidad de la pintura está en relación con el deleite que experimente el artista en todos los fragmentos de su obra. Nada tiene importancia para el Tintoretto fuera del movimiento del conjunto.

Y si, por lo contrario que en Velázquez, el efecto final no se alcanza en virtud de un dominio espiritual del mundo y de sí mismo, se resuelve, no obstante, en la unidad dinámica de un dibujo incierto y como en promesa.

Para el Tintoretto los pormenores son las líneas de apoyo de las grandes combinaciones, en cuyo seno desata él sus luchas. En este sentido, un cuadro de Tintoretto, por acrobático y pagano que sea, resulta de evidente religiosidad, ya que sus más bellos desnudos, sus pliegues, tal árbol, aquel enser doméstico, tienen idéntico valor.

Logra un resultado idéntico al de Velázquez, por inverso procedimiento: toda la creación subordinada al espíritu. Pero así como en las telas de Velázquez esta subordinación se cumple bajo un espíritu presente, que es el del personaje reproducido, el Tintoretto organiza su universo interior y visible en el lienzo, bajo el mismo espíritu de la composición.

Extraordinaria escena la de la *Castidad de José*. El desnudo de la mujer de Putifar, tan lozano, carnal y palpitante, no tiene, sin embargo, para los ojos del espectador otra razón que la de ser una ondulación lumínica, tan admirablemente prolongada por el velo que sostiene José, que la mirada se desvía hacia éste y se desparrama por los ropajes y decoración de la alcoba.

De haber tratado el Ticiano un asunto así, todos los detalles se hallarían también en esta especie de igualdad expresiva, pero sería para atraer, cada cual, sucesivamente los ojos y seducirlos. La igualdad de los detalles es en el Ticiano una anarquía sensual y pagana, un acoplamiento de bellezas, un reparto universal e inmodesto, el egoísmo de la gracia; en tanto que en las obras del Tintoretto los detalles más enajenadores se recogen en una niveladora modestia; los esplendores parciales someten su ritmo propio al del conjunto, en dócil sometimiento, según se manifiesta en la unidad que a todos los envuelve en los ritmos plásticos que les revelan que por sí mismos carecen de existencia, ya que su vida depende de una más alta comunión.

Los fragmentos más felices del Tintoretto, lejos de absorber la atención, la orientan hacia las otras partes, la apartan del descanso en tanto que no haya recorrido toda la arquitectura de que se avienen a ser fragmentos.

Pintura menos mística -humanamente- que la Velázquez, pero ardientemente exaltadora y religiosa, gracias a la maravillosa humildad que la cristaliza, gracias también al espíritu interior que revela en toda ella, amplificándose sin cesar.

Puede que en definitiva no haya más que dos clases de espíritus: los que conciben los detalles en razón de una totalidad que los supera, y los que se detienen en el pormenor de las cosas. En tal caso se trataría de delimitar dónde empieza un detalle a dejar de serlo. Es en verdad muy sorprendente que un cofrecillo de Chardin me proporcione una impresión de más alta espiritualidad que un desnudo del Ticiano.

Acaso uno de los medios adecuados para suscitar el espíritu sea el empleo de esos acordes que, al mismo tiempo que la humildad, expresan el orden de las líneas, los colores y las masas, lo mismo que la falta de ellos, o sea el orgullo de las formas que se bastan por sí mismas, y el de aquél que las pintó. La virtud religiosa del pintor viene a ser su humildad, si bien bajo especies puramente plásticas. Aquí se confunden humildad y espíritu de síntesis.

Por otra parte, la grandeza de alma es efecto de la gracia purísima. He aquí por qué los imitadores de los grandes maestros, ni los más meticulosos copistas son nunca sobresalientes pintores.

No sé qué armonía misteriosa une la humildad ahincada a la novedad de expresión, la oculta autenticidad al estremecimiento y a la vida de la línea, gracias a la cual la autenticidad puede revelarse en cualquier objeto interpretado.

He aquí, en fin, por qué la religiosidad latente, rebosa en la obra que la contiene, sin que sea menester la menor relación explícita entre dicha obra y texto ni parábola alguna del Evangelio.

Hay, por consiguiente, dos géneros de obras distintamente religiosas: el arte espontáneamente religioso es el de las almas humildes; el arte que pretende aleccionar por medio de representaciones de lema religioso, si sólo estriba en esto su religiosidad, carece de aquella humildad.

Lo uno edifica el espíritu interior; lo otro, en todo caso, habla solamente a los ojos.

Donde [Maurice] Denis se estrella, el Aduanero [*Douanier* Rousseau] triunfa.

La más alta expresión plástica de la metafísica, y si es permitido hablar de moral plástica, la suma sugestión moral que la plástica es capaz; de suscitar, es un organismo de alteraciones internas, una hermética combinación, un sistema de ecuaciones.

En el plano de la estética, los solos medios estéticos están dotados de toda suerte de virtudes.

El pecado, la fealdad es, pues, la copia de la realidad visible que el espíritu de síntesis no ha llegado a transfigurar. En este sentido, la unidad colorística de un cuadro del Ticiano es también una forma de síntesis.

Haciendo aún más extensivo este concepto, llegamos a la conclusión de que ningún artista verdadero puede llamarse exclusivamente pagano. Únicamente hay grados distintos de humildad, etapas varias en la comunión.

Por más que su predilección por los detalles haga del Ticiano un pagano, su uniformidad tónica es el canto de un misterioso lirismo. De esta manera se explica el deleite que no puede uno dejar de sentir, por alejado que se halle de él, ante sus más hermosas obras maestras. Es una especie de patético presentimiento el que hay más allá de su anarquía,

25

una prosternación involuntaria y como en acto de amor apenas formulado, vago aún, pero irresistible, una humildad semiconsciente: la sumisión de la carne a la todopoderosa e invisible unidad del espíritu, el presentimiento, en suma, de una santificación de los mismos sentidos.

Al lado de estos aciertos venecianos, el retrato de *Margarita de Austria*, testimonia la más sublime grandeza de Velázquez. Aquí se une a la uniformidad del tono, un envolver e inciensar el semblante por todos los volúmenes que lo rodean, y cuya densidad, parece desleírse, convirtiéndose en humo vaporoso y concreto.

Una magia parecida a la que hace ver más intensamente blanca la Sagrada Forma en medio de las volutas del incienso y de la áurea ornamentación que abruma el altar, hace que este cuadro evoque, en una especie de transposición plástica, una salutación eucarística.

Asociación de relaciones internas, gracias a las cuales las formas, lo mismo que el espíritu que las distribuye, revelan su recíproca subordinación, y en ellos radica el secreto de tan diversos géneros de belleza.

Y, no obstante, en el arte del Veronés distingo otro elemento insospechado. Todos sus personajes tienden con extraña unidad a que todas sus miradas rehuyan juntamente la del espectador. La línea de las miradas produce el efecto no logrado por elocuencia de los rasgos faciales ni por maravillosa estructura de la composición.

El movimiento y la emoción se concentran en el cambio de trayectorias visuales de los personajes; y como quiera que todos se miran unos a otros, sin encerrarse en sí mismos, no obstante la riqueza material que los rodea, la impresión final es también una verdadera armonía espiritual.

Pero los ojos de los grandes retratos del Veronés os fijan y siguen. Nueva forma de humildad. Los atavíos bordados en exceso oprimen y menguan a los personajes, que se limitan a evocar espontáneamente la sociedad, la civilización que representan. No atraen hacia sí mismos la atención ni retienen el espíritu del que los contempla, sino que perpetúan el esplendor de un mundo desaparecido, evidenciando, por de contado, la fragilidad de sus actores.

Única necesidad: agobiar al hombre bajo la riqueza de los productos de su época; es lo opuesto al sentir de Velázquez, el cual nunca dio cabida en sus lienzos a elemento alguno que pudiera menoscabar su exclusiva grandeza, austera y desnuda.

Pero como quiera que, a la postre, la obra del Veronés es humana, resulta que el espíritu se halla en cierto modo honrado en ella. El orden que de ella se desprende es de segundo grado. Esta pintura en apariencia tan sensual, apenas lo es, al exaltar los mármoles, las estofas, los jardines, para despreciar la carne, no dándoles valor más que por la ayuda de los resultados artísticos. Pintura "sui generis", que había de llegar a la de las iglesias de estilo rococó, que es ya el frenesí de la humildad, cuyo ritmo interior parece constituirse al conjuro de una especie de tácita confabulación.

Preludio, semirreligioso aún, anunciador de una próxima soberanía del mundo.

VELÁZQUEZ

Hay días en que la severidad de Velázquez desconcierta. No se comprende que pueda pronunciarse siquiera la palabra "religioso" a propósito de un arte así. Estos son los retratos más fieles, los cuerpos más sólidos, las figuras más francas que mano alguna haya trazado nunca. ¿Pero místicos?

La sola hipótesis de colocar uno de estos cuadros en un templo sería profanación. Si no carnales, estos personajes parecen al pronto tan lejos de toda transposición estética, que uno llega a pensar si su autor se sentiría animado de ninguna preocupación que no fuese una simple curiosidad psicológica. ¿No es lo primero que conviene esclarecer, la manera que tenía Velázquez de consagrar su concepto sobre la caridad?

No hay más que acercarse para que la emoción surja otra vez.

La delicadeza de los semblantes, la violenta fluidez de las ropas que habían estado retenidas con serenidad, son descubrimientos que suscitan nuevas preguntas.

El reposo de Velázquez no es más que aparente. Acaso su profunda originalidad estribe en estar declarando lo contrario de lo que parece que pinta.

Pero así que uno se cree en posesión de un cabo, la hebra se rompe.

Estas telas son muy otras de cerca que de lejos. Causan alternativas sensaciones: ora conmueven, luego nos dejan fríos.

La amplia franqueza de Velázquez, así que uno se asoma a ella, aparece como el más reservado de los secretos presentidos. Llena está su austeridad de motivos; su impasibilidad, de estremecimientos.

Tras la veladura más quieta se adivina un misterioso movimiento absorbente; los rostros, cuya serenidad no altera un solo rasgo, traslucen un temblor de indefinidas confesiones.

Y sin embargo, ¿habrá nada menos subjetivo?

Si, una vez más, abarcamos con la mirada todos los retratos de esta inmensa sala, el alma se exalta en grado máximo, ante semejante concilio humano.

No hay ritmo del Tintoretto, ni seducción ticianesca que posean semejante virtud.

Cuanto más se acerca uno a los detalles, mayor es su maravilla. Se descubre que, salvo las caras, toda la superficie de estos cuadros es un tejido de pequeñas manchas, de breves trazos, de formas descompuestas que a primera vista no se pueden discernir. Es un mariposeo tanto más sorprendente cuanto que la solidez es esencial en la obra de este pintor.

Es a través de un mundo en plena cristalización como se ve producirse esta impresión de plácida posesión de sí mismo, de dominio espiritual - pues no hay más remedio que volver a ello - y de eternidad vislumbrada en estos rostros. La única forma que no procede del tiempo: apariencia sensible del alma.

Sin duda esta es la causa de que las fotografías y los grabados de las obras de Velázquez; tengan tan poca elocuencia. Toda la vida de estos cuadros está compuesta por el conjunto de infinitos toques de color. No hay en ellos ritmo aparente. El realismo de Velázquez radica en una ausencia total de ritmos perceptibles, en humilde aceptación del modelo. Pero su realismo acaba en la medida de las siluetas. Sugerir la vida verdadera lo hace por medio de una infinidad de aproximaciones.

Economía del ademán y el gesto. El cuerpo más denso engendra un esquema casi abstracto.

Todo el mariposeo de motas de pintura que cubre la tela tiende a la uniformidad un poco sombría de los rostros. La densidad carnal no es más que el sostén del espíritu que la anima. En este extraordinario tacto de Velázquez estriba su elocuencia.

Aquí el alma es la forma del cuerpo.

Si bajamos a ver a Zurbarán, aunque tiene una apariencia de parentesco con él, comprobamos que no hay tal cosa. En Zurbarán han desaparecido los cuerpos. Se trata de blancuras sobrenaturales que comunican con los cielos. Los personajes de Velázquez no se hallan en una relación celestial tan inmediata. Dios no se desprende de las formas así pintadas, más que por la grande humildad con que modulan un ademán en el espacio, en el que acaso se condense la esencia de su vida. Dios se halla en el misterioso sincronismo del semblante, desprendido de la silueta corporal.

Por lo que hace a Ribera, sus pinturas desmedidas revelan un exceso de vitalidad interior y exaltación. Al ser

Velázquez realista por temor a caer en lo enfático, es, por de contado, religioso. Es lírico de tanto aspirar a no serlo. En su propia patria, hombre aislado.

Como para confirmarme en mis ideas, acaba de descubrirse el retrato de una monja pintado por Velázquez en su primera época. En lo alto del cuadro hay un rótulo que dice:

Bonum est prestolari
Cum silentio salutare Dei

La monja tiene un crucifijo, y ya en este mudo coloquio del alma con Dios se concentra toda la sobriedad de los más bellos cuadros de Velázquez.

En medio de los Grecos y los Morales, esta manera de ser religioso, sin pintar ninguna escena determinada en que Dios actúe, siquiera de una manera insinuada, es cosa que sorprende.

Y no se trata de si los Velázquez del Prado pudieran ser instalados en algún sagrado recinto, sino de saber si, en los lugares a que estaban destinados, inclinarían, o no, el espíritu, como por manera distinta los desnudos de Rubens, a la meditación de las cosas divinas.

Convendría dividir las manifestaciones artísticas antes que por asuntos, por las tendencias que estimulan en el alma.

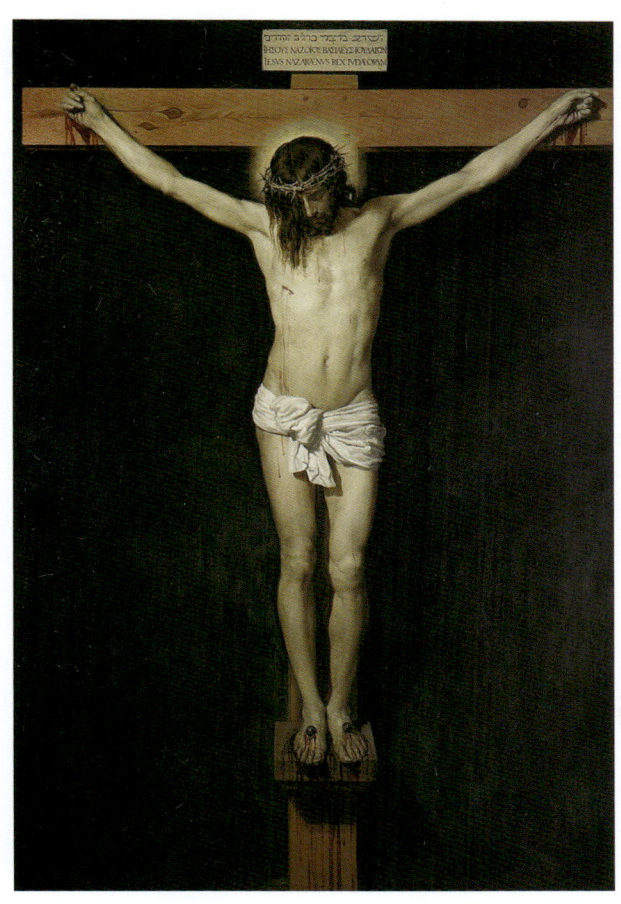

Diego Velázquez, *Cristo crucificado*, c. 1632
Museo del Prado, Madrid

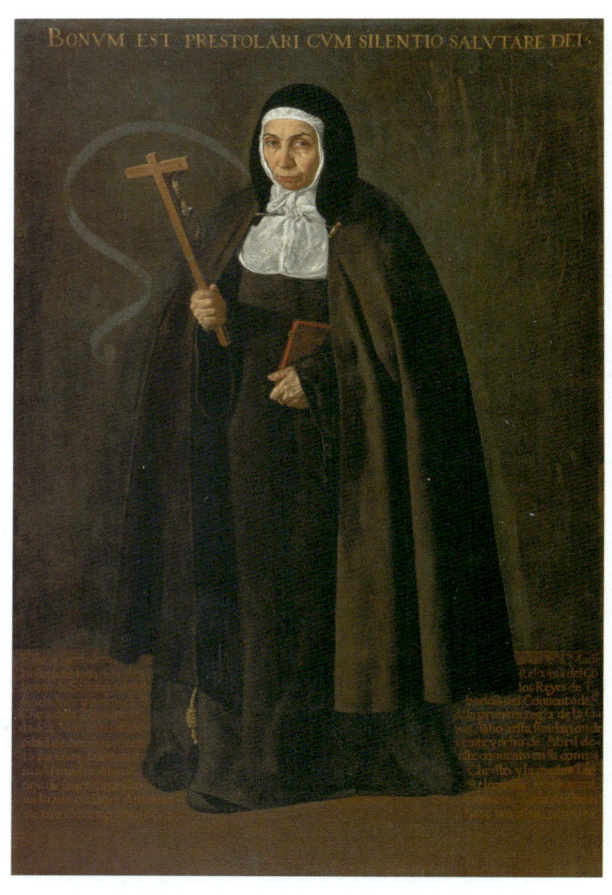

Diego Velázquez, *La venerable madre Jerónima de la Fuente*, 1620
Museo del Prado, Madrid

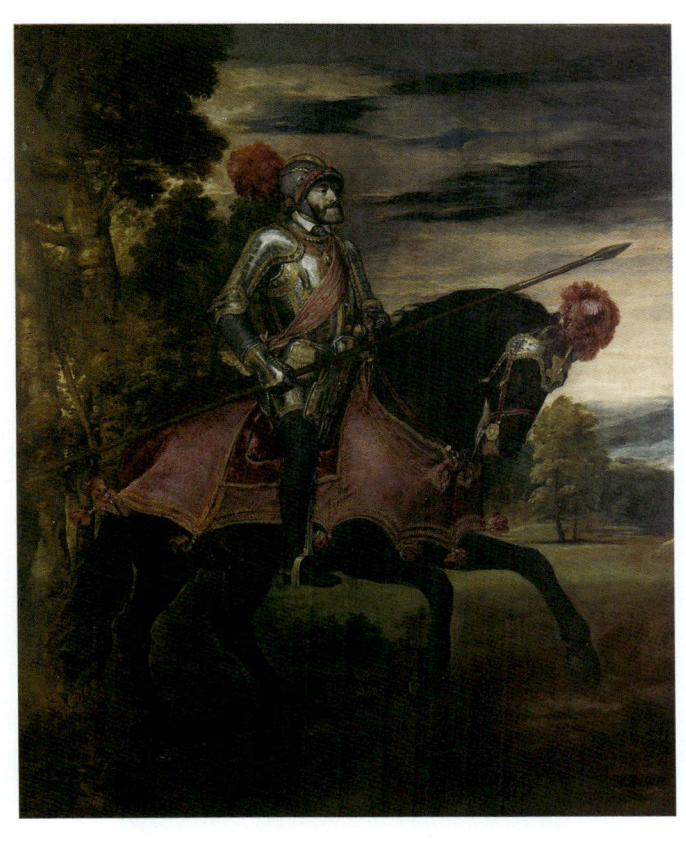

Tiziano, *Carlos V a caballo en Muhlberg*, c. 1547
Museo del Prado, Madrid

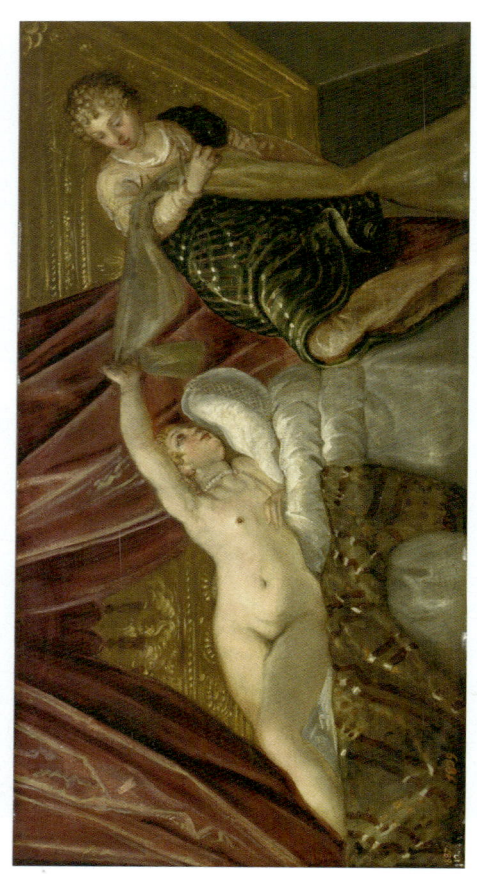

Tintoretto, *José y la mujer de Putifar*, c. 1555
Museo del Prado, Madrid

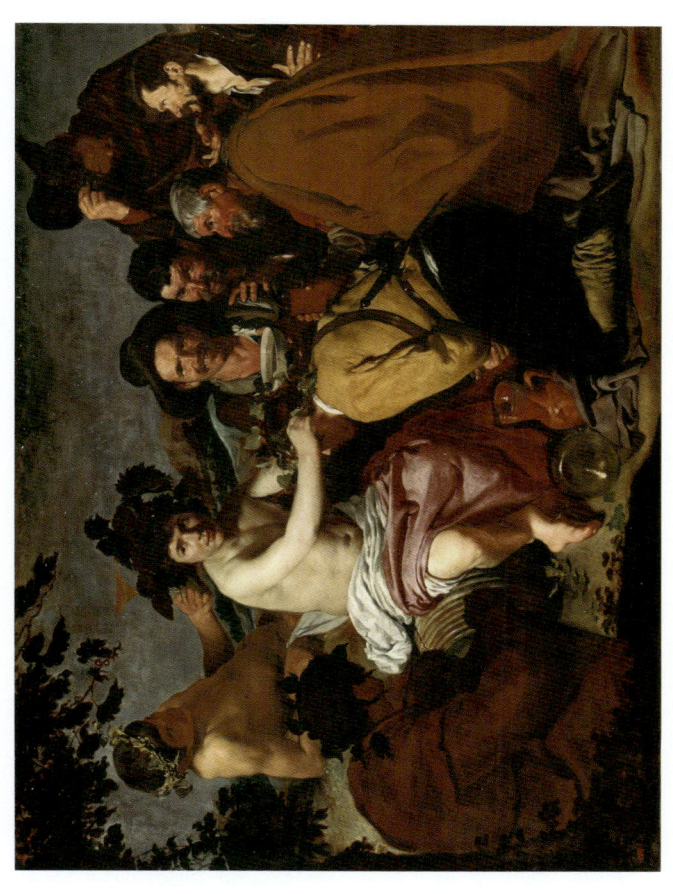

Diego Velázquez, *Los borrachos*, o *El triunfo de Baco*, 1629
Museo del Prado, Madrid

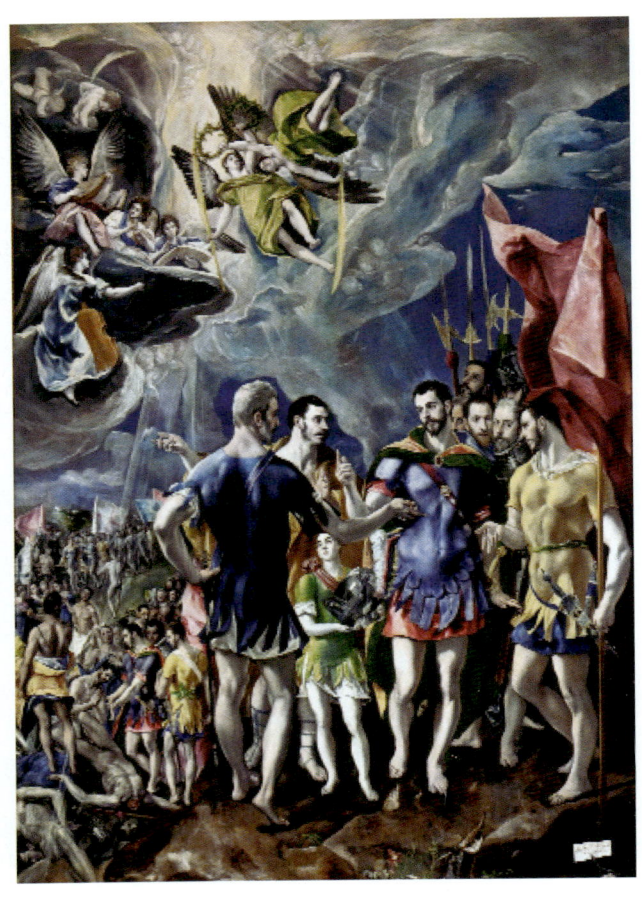

El Greco, *El martirio de san Mauricio*, 1580-1582
Monasterio de El Escorial

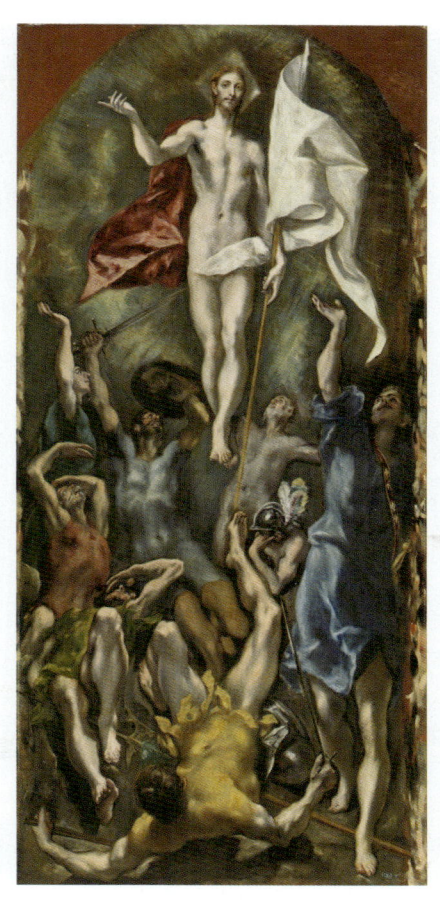

El Greco, *La resurrección de Cristo*, c. 1598
Museo del Prado, Madrid

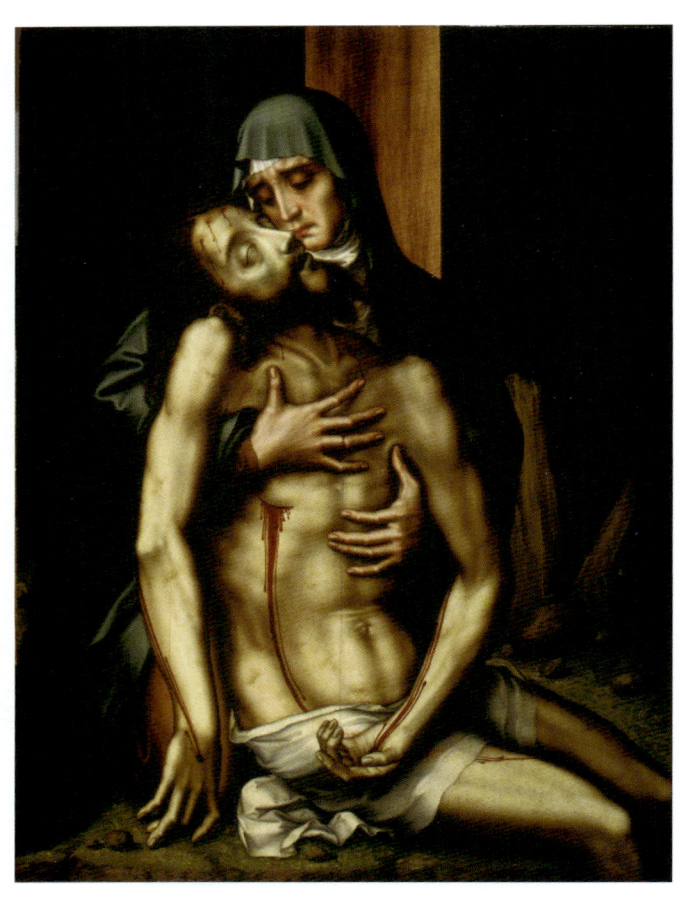

Luis de Morales, *Piedad*, c. 1565-1570
Museo del Prado, Madrid

Con este criterio, obras religiosas serán todas aquellas que, allí donde se hallen apropiadamente, sean capaces de revelar armonías divinas. En suma, las que sirvan de medio para sentirnos más o menos directamente en presencia del Ser eterno.

Claro está que el retrato de Mariana de Austria sería más impropio de un templo que el de la monja; y, no obstante, ¿hay entre uno y otro gran diferencia de valor moral, aparte el crucifijo? Por otra parte, la presencia de una cruz junto a la infanta no alteraría el carácter de esta obra. Un cuadro de iglesia ha de pintar, por lo contrario, con evidencia, la intimidad divina; y en cierto modo puede decirse que nada dista más de ser una obra para el templo que aquel retrato religioso cuya sola finalidad sea la glorificación del personaje representado.

Mas nada, al contrario, se acerca tanto a este ideal como el cuadro que haga sospechar la presencia de Dios en el personaje retratado, sobre todo si éste, lejos de sugerir la gloria deleznable de su personalidad - bien con la mirada vuelta a su interior, bien con actitud desprendida del mundo y con fijeza contemplativa, o simplemente con un indefinible ademán-, se desplaza, evocándose, de lo contingente que le ciñe, absorto ya en la eternidad.

Aunque los personajes de Velázquez aparezcan cubiertos de bordados y aunque tengan en la mano ya un pañuelo, ya una escopeta, su mirada, no obstante, los sitúa en un mundo donde tales accesorios carecen de propio sentido y pierden su valor.

En medio del esfumado de la ornamentación de los fondos, el llamamiento dirigido a la atención del contemplador, por medio de este detalle del traje, por aquella bestezuela familiar al modelo, hace más perceptible aún esa especie de extravío hipnótico, por medio del cual, el rostro sin sonrisa, sin fruncimiento, sin densidad, está ya, desterrado, en un mundo absoluto.

El milagro de los retratos de Velázquez consiste en que una precisión tan estricta en la pintura de los seres humanos, no tenga por objeto y efecto más que el esbozo de los rasgos de un universo oculto, en el cual reinan, sin duda antes que la caridad y la devoción, el silencio y el estupor.

Esos inmensos personajes coronados de expresión facial, son antorchas ardientes.

El sentido de lo humano no profundiza hasta medir su mayor abismo, como no le acompañe el sentido de lo divino.

Hay una manera de tratar al ser como si fuera un tabernáculo, y otra, contraria, de tratarlo en atención a sus fines propios, y ambas delatan dos conceptos opuestos de la vida. Los artistas no tienen otra misión sino hacer vibrar todos los acordes de ella.

Así los sacerdotes, que, en el curso de la existencia, son los más pobres y apagados, para presentarse ante Dios se revisten de seda.

Muchas veces a los personajes de Velázquez se los ve claramente a las plantas del Señor, pero siempre con la atención puesta en sus revelaciones interiores.

Huelga decir que la obra religiosa por su asunto puede y aun debe ser expresiva, en tanto que el arte religioso de tema profano, es menester que rebase la natural expresión, a fin de hacer aflorar la sobrenaturaleza; no hay que valerse, en fin, del asunto, sino como de pretexto engañoso.

¿Pero cómo justificar desde un punto de observación místico los cuadros de Las Lanzas, Las Hilanderas y, sobre todo, Los Borrachos, tan llenos de gloria profana? ¿Será cosa de descubrir en Velázquez un Ticiano católico? El será quien, sin merma de su cristianismo, reanude con su arte la antigüedad.

BOSCH, PATINIR, DURERO

La *Travesía del Lago* de Patinir -asombroso paisaje de agua translúcida en que se dilata el firmamento, agua ceñida de minuciosa vegetación poblada de bestezuelas-, *El*

Triunfo de la Muerte de Breughel, los verdores en que se bañan *La Adoración de los Magos* y los lienzos de los donativos de Bosch, tal campesino de éste: aquí, como a un oasis, acude en refugio el espíritu un poco cansado de la grandeza elocuente, sensual o severa del Ticiano, el Tintoretto y Velázquez. Ante este encanto parece renovarse el puro deleite.

La naturaleza no es, para los italianos y los españoles, más que adorno que rodea lo humano. Todo lo conciben en función del espíritu. Y después de tanta excelsitud, uno apetece otra gracia más espontánea, en que haya menos ciencia distribuidora de los volúmenes. Bien valen los pequeños maestros flamencos una detenida observación.

Lo que hace difícil de explicar es que estas escenas, cuando son religiosas, no despierten emoción religiosa alguna, como tampoco la idea de ninguna obscenidad, cuando son de carácter erótico, así como las más infernales visiones de Breughel no nos causen más que un divertido encanto.

El labriego del liento de la derecha de *La Carreta de Heno*, la pradera del lado izquierdo de su *Adoración*, despiertan, aquél la imagen de una bestia, éste una visión llena de espiritualidad. En esta pintura flamenca todo pasa de manera que no parece sino que tanto misticismo sólo tiene por finalidad la revelación de una realidad más concreta, y tanto realismo, un goce más alerta. Tal vez; nunca presentí como ante esta forma de arte, la intersección de los dos planos sobre los cuales marcha la pintura.

Tiene por solo objeto (ya que al pronto parece que carece en absoluto de nobleza) delimitar las fronteras imprecisas de los sentidos y el corazón.

Revelación parabólica, en que el sueño y la certeza se encierran de tal manera que es imposible deducir ninguna afirmación de los espectáculos que nos ofrece.

Contrasta con esto la febril interrogación que se desprende del paisaje de esos minúsculos poemas con grandes figuras de Durero. Se adivina que uno se halla ante el umbral de un misterio incomprensible y, sin embargo, evidente. El espíritu se siente embriagado.

Importa descifrar, ante una figura como la *Eva* de Durero, por ejemplo, en qué se diferencia de una *Venus*, de la *Maja* de Goya. Y por lo que encuentre de irreductible entre ellas, acaso pueda llegarse a cifrar las profundas razones que le valen a cada cual su perfección.

También esta *Eva* de Durero está como interiormente iluminada. Su gravedad, tan densa, apenas si se apoya en el suelo. No hay estatua griega que esté dotada de tanta ligereza. La irradiación de su cuerpo, la espiritualización de su carne, esta orientación y como proyección de sí misma, esta música en que se diluye la estructura pagana, su sentimiento de ser una forma huidiza, he aquí, revelado en este cuadro, lo que distingue del desnudo del paganismo los más bellos desnudos cristianos.

Se muestran más en fragilidad inconstante que en el reposo de su armonía actual: el arte se convierte en reflejo de la inquietud del alma.

Este no gravitar con aplomo sobre el suelo, dejar que los dedos queden dibujando en el aire una música muda, e implantar al hombre en el corazón de las cosas para, de esta manera, demostrar su profundo parentesco, es a la vez que el eclipsamiento de las cosas bajo el dominio de la figura humana, un procedimiento de expresar la movilidad de lo aparente, en lo cual nunca se detuvieron los Griegos.

En las obras cristianas más serenas (entiéndase las de Occidente, posteriores a Cristo) hay una incertidumbre, un desasosiego de insatisfacción y un compás de espera que trasluce la sorda influencia de la revelación, aun en las figuras más llenas de placidez y en los cuerpos de mayor plenitud.

Así y todo, ¡cuánta serenidad en este retrato de Durero! ¡qué alta armonía!

Lo que distingue el arte moderno del de los antiguos es el conjunto de los detalles del vestido, los zarcillos del cabello, el ritmo interno de la figura; lo que hace que la forma se desfleque y disuelva, y que se turbe y gima el ánimo cuya contemplación es solicitada, no es otra cosa sino el módulo individual.

No hay arte en el mundo que corresponda a esta extraña pintura europea: música de lo inconsciente, canto de las formas que se sienten morir.

Mas ¿por qué procedimientos se expresa esta movilidad de las formas estables y esta eternidad de las modulaciones?

Conviene descubrir el secreto de los estilos, gracias al cual los órdenes del reino natural se condensan en cualquier fragmento de hermosura.

Así vemos que la escultura cristiana se remonta del hombre a sus formas precedentes: planta, mineral, y nos sugiere que nuestro estado actual de estatua no es más que una evolución sobre la naturaleza bruta, de la que hemos sido modelados.

Y vemos que la imagen patética que la pintura traza, es la de nuestro destino y muerte incesante.

La distinta actitud de los seres con relación a la muerte, partiendo de la aspiración al anonadamiento de los místicos (singularmente del Greco) y llegando al espanto de los personajes de Bosch, da la pauta de todas las gamas europeas de la emoción.

Sin duda que únicamente el Evangelio puede proporcionarnos el solo equilibrio verdadero que podamos trasladar a la pintura, los exclusivos equivalentes vivos de nuestros posibles hallazgos en las armonías arcaicas.

Esta es una nueva expresión del arte cristiano: la que plasma al hombre mortal y su correspondiente participación en la vida concreta del universo. Me refiero al arte que va de Breughel, por Courbet, a Renoir, que, mostrando al hombre ocupado exclusivamente en vivir, le hace comulgar en la sola unidad material de las cosas.

El sentido personal y la esencia divina del hombre se borran al paso que se disipa el sentimiento de la presencia y la individualidad de Dios. Pero del sentimiento trágico del destino humano no pueden librarse ni aun aquellos más faltos de esperanza y fe. Dios se asienta en su arte, por la misma fragilidad de la perecedera forma humana.

VELÁZQUEZ

Aun estoy viendo el *Cristo* de Velázquez. El Verbo hecho carne. Velázquez es el pintor que mejor ha comprendido el doble carácter de Jesús: la luz infundida en el cuerpo.

Seguramente es, antes que otro alguno, el pintor de la Encarnación.

Poco me importa comprobar que aquí hay una tela para equilibrar tal desnudez, que una mancha para contrapesar aquel volumen, y que todo el cuadro se resuelve, en suma, en tan sencillo juego de densidades, en cierto balanceo colorístico.

Este juego y balanceo se los dicta al pintor una exigencia puramente interior, y esta imperiosa sugestión que percibe en secreto, se encuentra en el tenebroso reino de su silencio, con sus más arcanas necesidades estéticas.

Es evidente que el escoger una composición determinada, entre la infinita posibilidad de ellas, sin que lo determine razón externa alguna, que la elección de un preciso equilibrio en medio de distintas eventualidades que pudieron haber determinado la agrupación de estos nueve personajes, tiene una relación directa con las disposiciones del alma de Velázquez, pues un alma que ha llegado a desintegrar en tal forma su unidad sobre el plano estético, ha de revelarse íntegramente en cada uno de los rasgos que trace, en cada huella de su pincel. Y yo creo que no es empeño inútil el intento de descifrar ese mundo interior, de encontrar su clave de reducirlo, en fin, a su propensión metafísica.

Si fuéramos capaces de comprender el lenguaje estético,

nos situaría en pleno centro del ser, nos sumiría en Velázquez y nos daría la posesión de su unidad.

En torno a Baco, y enmarcándolo, se describe una extraña rotación. La forman los círculos de la damajuana que hay en el suelo, del tonel, de la copa que levanta la segunda figura desnuda y el tazón que tienen en las manos el hombre que ríe mostrando los dientes. Esta elipse está como proyectada adelante, gracias a la corona de hiedra con que Baco está ciñendo las sienes del joven arrodillado ante él. Su propia corona y las de los otros dos hombres que tiene a la derecha completan la primera elipse, por medio de otra, cuyo plano levemente oblicuado a la izquierda del cuadro, evoca su secuencia ideal con la primera, que es casi vertical.

Aparte esta danza de objetos, no hay volumen en toda la superficie que no avance sin propia densidad ni que necesite de otros para completar su propio movimiento. Asimismo, cada personaje esta tan inmóvil y es tan definitivo, tiene tanto peso y está tan encerrado en sí mismo y tan ajeno a la corriente del mundo, que las cosas que lo rodean participan de estas cualidades.

Tanto como la realidad substancial, importa en este cuadro la estricta personalidad de cada personaje, o sea la indicación de que, salvo el ser humano, todas las cosas del mundo, sí, aun las hojas que tejen las coronas, que todo el mundo material en alma, a excepción del hombre, participa en cierta ronda inmensa en que sus formas diversas se funden y se reemplazan, y no existen sino en razón del movimiento que describen sus distintas posiciones en el espacio, en virtud del movimiento que el tiempo imprime al espacio.

En oposición a lo indiscernible y como imagen abstracta de lo que debe su existencia a su repetición, el hombre afirma su propia realidad, su divinidad.

¿Qué más da que estos personajes sean simples campesinos? Hasta encuentro en esta preferencia, en atención al puro espíritu que cala toda la obra, un testimonio de que la espiritualidad consciente y voluntaria de Velázquez se confirma a través de los asuntos más frecuentes, más vulgares.

El sentimiento que prodiga entre los locos, los enanos, las hilanderas, los borrachos, las meninas, esa especie de descanso que busca fuera de las obligaciones de la corte, es prueba de cómo podrá ser despojado de todo lo que en la mayor parte de sus telas parece puramente social u oficial.

Estos borrachos no son del género del Enano ni de los Flamencos: sino personajes vistos a través del allanamiento de quien penetra el espíritu.

La humildad de Velázquez al iluminar estos humildes rostros de alegría interior, de vida individual, dotándolos de una realidad a un tiempo concreta y sobrenatural, evidencia el sentimiento religioso con que enfocaba y contemplaba el mundo, y gracias al cual llegaba a expresar la esencia más profunda, la substancia misma de la naturaleza humana; sin contar, para acabarnos de convencer, con que apenas se consagró al paisaje ni al bodegón.

Entre todos los pintores de todas las épocas y de todos los países, Velázquez es el único que cifra su delectación en el hombre interior. No es que pierda la cuenta de Fouquet, de Holbein, de Durero ni de Rembrandt; mas para estos otros geniales artistas, además de un ser espiritual, el hombre es una criatura de carne destinada a la disgregación.

Velázquez encuentra en todos los seres esa esencia a la que la decrepitud creciente de la cara se adhiere de una manera tan justa que parece que nunca más se ha de separar.

La densidad corporal de sus personajes es claro indicio de inmutabilidad, y los movimientos sobrios a que se circunscriben, lejos de darles participación en la vida del mundo, se cierran sobre ellos, acabando de expresar plásticamente lo que su personalidad tiene de insustituible. Lejos de mezclarlos en el torrente de las cosas perecederas, los aíslan.

En *Los Borrachos* observo que el movimiento de los brazos de los dos hombres desnudos se continúa en la mano de aquél que se quita el sombrero. También aquí parece describirse una elipse, pero ésta no se cierra, sino que alcanza su máxima altura en la cabeza de este último personaje, y a partir de él vuelve a bajar por la curva de las tres cabezas de la derecha, para terminar en el Baco, cuya blancura, por un prodigio de habilidad, equilibra las oscuridades que le rodean.

Me equivocaba, pues, al decir que cada uno de estos hombres viva por sí mismo. Lejos de ser independientes, están agrupados en torno a la alegría y viven en ella.

Hay que relacionar este desnudo con el del Apolo de *La Fragua de Vulcano* y el del *Cristo*, para echar de ver hasta qué extremos Velázquez deja de ser sensual, y cómo para él un bello cuerpo desnudo es, ante todo, la base y el substratum, la formulación elemental del semblante, o su substitutivo.

En vez de dotar a cada parte del cuerno de una vida particular y anárquica, hace que ese brazo, ese torso, esos bellos pies, esa pierna prieta, no sean más que momentos simultáneos de una luz concreta que es la realización y el culminamiento perfecto de todos los músculos que en ella se templan.

Todos esos rostros tan expresivos rematan en esta cara sin expresión concreta. La placidez del rey de los borrachos es un medio que tiene el alma de afirmar su perfecta posesión.

¡Cuán lejos de los Bacos y los Silenos antiguos, de los de Rubens y de Poussin! Este Baco es el alma del vino, y podría decirse, del vino en que la sangre se transubstancia: quiero decir, de materia figurada, que es la transfiguración de la materia más concreta, el punto crítico de la naturaleza y de la gracia.

Por otra parte, es digno de notarse que éste sea el único personaje que aparece entero; los otros no se muestran más que fragmentariamente: él los resume y los completa a todos.

Apostaría a que, puestos Van Dyck y Velázquez a representar el mismo personaje, éste no hubiera resultado el mismo en uno y otro liento. El uno ve las redondeces, el otro los planos; el uno, las modulaciones de la carne y su estremecimiento aislado, el otro extrae de ella la luz. Así es que toda la vida interna del pintor se encamina a sus preferencias; en la más insignificante de sus especulaciones se emplea toda la complejidad de su espíritu.

El primero se atiene al plano carnal, o sea a lo que le brinda el mundo como pretexto de decorativismo; el segundo desata el misterio. Y el más realista de ambos resulta ser el que resume el misterio por medio de unas simples líneas de apoyo.

¿Y Rubens? Los campos magnéticos del gran maestro flamenco hacia Dios son la diversidad de ademanes, gestos, actitudes y colores, la múltiple vida que se evade por los árboles, las nubes, los ángeles hacia la gloria, como por surtidores en cuyas emanaciones todo se aureolase.

La cuestión, pues, estriba en reducir a la unidad la obra, en determinar un avance sobre la naturaleza visible. En particular, en un retrato, consiste en no dar vida independiente a las manos, los brazos, el rostro y las ropas.

En Velázquez, los miembros se ordenan en torno a la impasibilidad del rostro. Tal es su singular revelación.

LAS MENINAS

Para ver animarse este cuadro, acaso el más acabado de Velázquez, hay que contemplarlo detenidamente. Y al mismo tiempo se va precisando la impresión de grandeza que causa, por más que al primer momento se complazca uno en dudarlo.

He aquí, pues, lo que se aparece cuando en vez de fijarse uno en cada personaje por separado y de buscarle su gracia especial, deja vagar la mirada de la primera perspectiva al fondo, para volver al primer plano. A partir de la figura de Velázquez, se describe en el cuadro una danza de farándula que llega a la segunda menina, la cual une a la primera y a la Infanta.

Se trenza otra farándula que enlaza asimismo a cuatro personajes: el del fondo a la segunda menina, a la cual siguen la enana y la infanta.

Y una tercera farándula, que abre la infanta, agrupa a todos los personajes del primer plano, terminando en la primera menina.

Y los dos personajes de la derecha, medio borrados, se introducen como una fantasía secundaria en el ritmo de las dos primeras farándulas. Despréndese de ello una sensación orgánica, como la de una duración temporal que se siente transcurrir, deslizándose.

Mejor aún que el poema de los grises y las platas, este cuadro es el poema de la danza trazado y sugerido por unas cuantas figuras inmóviles.

Y sin deducir de ello la menor conclusión, se observa que el conjunto de estas farándulas compone una cruz.

Ritmo interior muy parecido al del cuadro de *Los Borrachos*.

Elegante ritmo, perceptible en los grandes retratos, sobre todo en los de Mariana y Margarita de Austria, si bien en estos se resuelve por medio de entrecruces de bordados, de bucles, de cabelleras y del plegado de los cortinajes, en tanto que los muros, una silla, un minúsculo reloj sirven para bosquejar, por lo contrario, un movimiento anclado, y parece que suscitan la idea del espacio privado de tiempo.

Es, por tanto, un error fundamental considerar el arte de Velázquez; como meramente estático: es el arte que, de la manera más discreta, sugiere el movimiento; pero un movimiento inacabado, que parece proyectarse por el aire en indefinidas prolongaciones; es una espera en desencanto, la pesadez del fastidio terrestre, la exaltación marchita, en suma, la grandeza humana y su vanidad (En Velázquez no hay ademán cerrado, todos sus ademanes responden al impulso de quien tiende a la perfección.)

Se deriva de ello una impensada ilustración evangélica, que se arremolina en torno al cuadro de Cristo, luminar perfecto.

Si vuelve uno a ir de Velázquez a Rubens, encuentra oposiciones formales. Rubens no considera, desde este punto de mira, la vida a la manera de Velázquez, sino que puebla todo el espacio; los cuerpos que libra, atraen hacia sí todas las formas para mayor exuberancia. En tanto que Velázquez pinta la miseria y la nobleza del hombre, Rubens restituye al cuerpo su esplendor, para que multiplicado por el mundo se asigne todo su dominio.

Cuerpos espléndidos, lo menos egoístas posible, cuerpos en los que resplandece la luz. Desparraman su vida sin cálculo. Tienen mucho más de imagen simbólica de la creación que de expresión carnal. Y estamos por distinto camino en el anhelo de la caridad.

EL GRECO

En el Greco, imprecisión de contornos, superposición de pinceladas aglomeradas en algún pie, indicación apenas suficiente de un mueble, y, a lo mejor, aquel brazo que no es brazo.

El mundo no se encierra en las partes que caben en nuestra imaginación.

El pintor restablece la circulación interior, la transfusión de los tonos, las ocultas dependencias mutuas, el reflejo de las telas en la carne, la tendencia que tiene toda forma a excederse.

Así es cómo la pintura descubre analogías en el universo.

Es su revelación plástica.

Formar las criaturas de que ha de componerse un cuadro, entendiéndolas sólo como fragmentos del mismo, sin tener en ellas en cuenta más que el ángulo de sus relaciones, con la existencia que sacan de este acercamiento espiritual,

¿cabe nada más semejante al acto de la creación, por el cual sólo existimos en gracia de la Comunión de los Santos?

La pintura es la negación de la forma hermética, del cuerpo excluido del universo. El mismo Velázquez no pinta individuos, sino las raíces de sus instintos.

La pintura es, por consiguiente, la expresión de la tendencia del espíritu a salir de sí mismo, a descubrir entre las cosas sus más íntimas afinidades, manifestación, precisamente, de nuestra apetencia de unidad.

El Greco está poseído de este anhelo en el más alto grado, y no lo expresa tanto por los asuntos

como por los ademanes excesivos que, entre los personajes de sus escenas, establecen una viva y continua corriente, y también por medio del parecido de unos rostros con otros y de la deformación decidida, voluntaria y monótona de criaturas de un mundo de catacumbas.

Después de la prohibición del Antiguo Testamento de reproducir la forma humana, hallamos que la trasposición figurada del cuerpo humano, expresa de la manera más mística la unidad divina.

Los Evangelios han purificado la idolatría, han convertido al arte a su esencia de una manera que no deja de ser misteriosa y sobrenatural.

Lo que parece el aspecto de la pintura, es lo más opuesto a ella. Pocas artes tienen en el mismo grado esta ambición de hacer irradiar el movimiento puro, la unidad de las formas, la vida interior.

Es menos vital aquello en que los grandes artistas se diferencian, que aquello que los aproxima. Uno de estos tres elementos falta en el arte de los países que ignoran la revelación divina; pero esbozan la tentativa artística por medio de uno de los otros dos.

El Greco ofrece la síntesis más completa, pues en él las distintas formas concurren en el mismo sentido, los más distantes ademanes se corresponden, la fuerza que los atrae se delinea, como el llamamiento de una altura a la que obedecen.

La *Resurrección*, uno de los más hermosos cuadros del Greco, es sumamente significativa.

Tantos bracos levantados, tantas piernas poblando el aire, más que orientar la mirada en sentido vertical, evocan y realizan el invisible poder que las orienta e imanta.

La ausencia absoluta de decorado, la concentración de la escena en algunos personajes, envueltos al fondo en su drama, lejos de causar efecto de pobreza, se apodera del espíritu y lo acapara.

Heredero de los bizantinos, el Greco explota su legado. Y no es decir que esta negligencia de la perspectiva sea su carácter propio. Es bastante curioso observar que los asuntos religiosos tratados por ellos, se desenvuelven casi siempre en dimensión superficial, en tanto que los demás motivos se desplieguen en profundidad. Sin duda ello es debido a que el espíritu religioso, sobre todo en la exposición de misterios divinos, obliga a una concentración a la que un artista profano no llega tan fácilmente.

Los cuadros del Greco parecen más bien hogueras incandescentes, que copia de figuras humanas.

Rubens señala algo parecido, cuyo espíritu velado no se descubre fácilmente.

Son llamas perdidas bajo la densa bóveda de las nubes y que realizan una osmosis continua, entre la tierra que se deshace y el cielo que se solidifica.

En algún retrato vuelvo a encontrar este procedimiento magnético de sus composiciones.

Sin la repetición de tal color, de tal empastado en la gola, la pintura sería bizca. Los ojos, las ventanas de la nariz, le relativa simetría del rostro humano, no son sino la fórmula elemental de este hipnotismo plástico.

El origen y el fundamento de todo arte se hallan en la letanía. En el fondo de la infinita variedad de las especulaciones, el arte es, ante todo, la reconstitución de un balbuceo alucinante.

GOYA

Para Goya no cuentan los cuerpos más que por los movimientos de que sean capaces. Son la reserva de los ademanes venideros. Goya niega la carne con una especie de frenesí; mas no lo hace para deducir ninguna exaltación espiritual, pues de una manera parecida niega el espíritu.

Apenas pueden considerarse humanas esas caras que se ríen a carcajadas distendidas. Para Goya nada vale si no le da pretexto a sus trueques de color, a los reflejos que se transmiten de un extremo a otro de la tela. El más insignificante muchacho, el fruto más inofensivo, muestran una especie de trágica fealdad. Nada está en sus cuadros sino como autonegación.

La luz devora las carnes. Es un mundo sin densidad, una canción inconsistente.

Todo lo que él toca adquiere algo infernal: la espera de una catástrofe. Baudelaire y Daumier, Rops y Bosch. Grandiosa anarquía la de este universo de pinceladas y de manifestaciones esbozadas: España sin catolicismo; la efervescencia instintiva.

Al mismo tiempo un gran espanto del espíritu. Esas gentes asisten a su propia descomposición. Es una especie de putrefacción andando.

La grandeza de Goya estriba precisamente en la intensidad con que expresa esta propensión de todas las cosas a su fin.

No acabo de comprender en qué consiste esta fiebre; pero lo cierto es que es ajena a Velázquez y al Greco, y que hace a Goya tan trepidante como apacible es el primero, tan atormentado como sereno es el segundo. En este arte se halla expresada la plena corrupción española, y una desesperación sin Dios.

Acaso pudiera definirse a Goya invirtiendo todos los rasgos del Greco. Se hallan literalmente en polos opuestos.

Lo que me extraña, después de internarlo de distintas maneras, es encontrarme con que tanta gesticulación, tanto además y contorsión tienen, en el fondo, escasísima importancia. No es tal vez el cuerpo en cuanto a su posibilidad de nuevos movimientos lo que interesa, o, por lo menos, si a él le importaba el cuerpo en este sentido, a nosotros nos tiene sin cuidado; porque más bien sospecho que su grandeza se reduce al poder de evocar, como de otra manera Miguel Ángel, aspectos imprevistos del universo, por medio de la figura humana.

Y no me preocupo por demostrar si Goya creyó en el hombre (me inclino a creer que no), veo no obstante, que todo discurre en su obra como si, en medio de un mundo vaporoso, esas caras a las que dirige sus interrogaciones implacables, a pesar de sí mismo, a pesar de las contracciones nerviosas y los guiños de las mismas, resultan las únicas manifestaciones sólidas y estables de la vida.

Alrededor de ellos nada existe sino a trueque de reflejos, coloraciones que se desvanecen. Ningún objeto tiene más valor que el de su humo. Aparte Chagall, no existe otro pintor que comunique una sensación tan física de inestabilidad del universo.

Pero, en cambio, esos semblantes de ojos fijos, apenas condensados, como quiera que no podía resolverlos, como los vestidos, de una ojeada, con cuatro pinceladas, conservan un perdurable misterio, al que no es posible sustraerse.

Aunque los quisiera monstruosos, aunque se empeñara en hacerles transparentar los huesos y la podredumbre, había de detenerse en ellos más que en la decoración y en los adornos cuya nada ridícula es, en cierto modo, inmediata e irrefutable.

Así es que, a veces, a pesar de su saña y ferocidad, realizó eternos monumentos, plasmó gloriosas visiones.

Y Goya, no menos que los otros pintores españoles ilustres, consigue, sin advertirlo, celebrar la inmortalidad del alma, por medio de sus caras y retratos.

Resulta no menos desconcertante y asombroso el que alrededor de estas caras, el mundo entero no sea más que

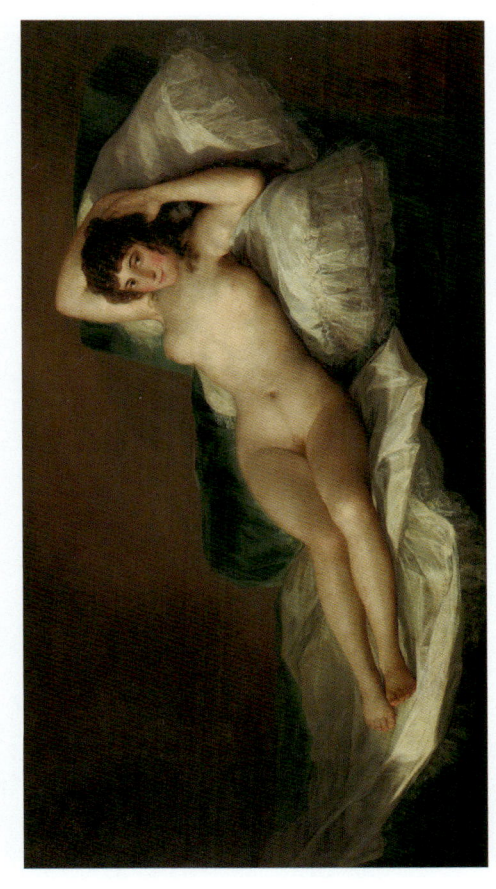

Francisco de Goya, *La Maja desnuda*, 1795-1800
Museo del Prado, Madrid

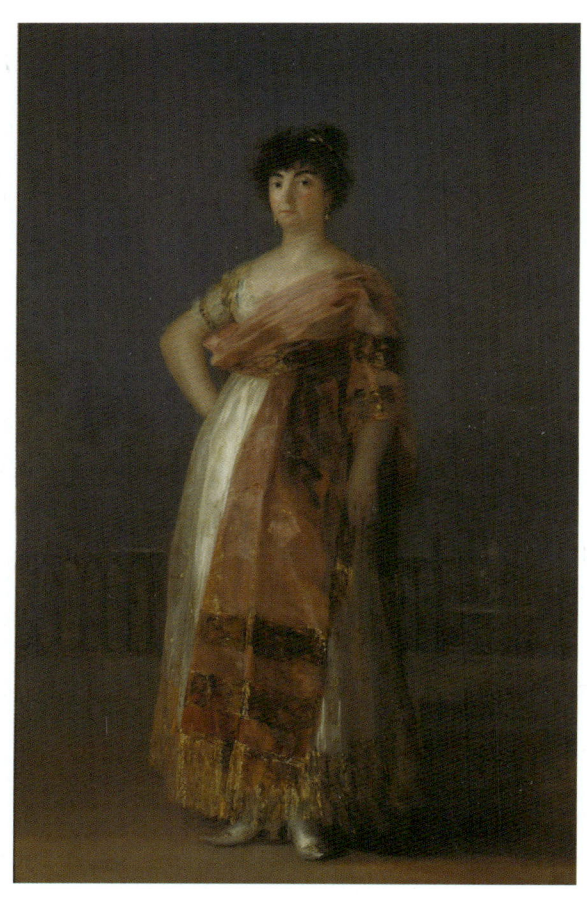

Francisco de Goya, *La Tirana*, 1790-1792
Museo del Prado, Madrid

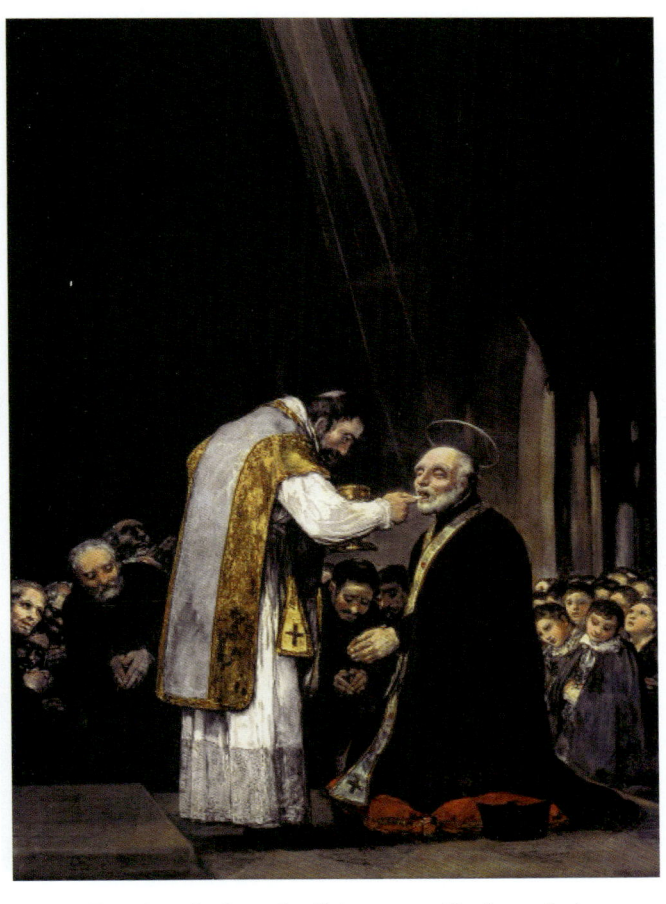

Francisco de Goya, *La última comunión de san José de Calasanz*, 1819, Museo del Prado, Madrid

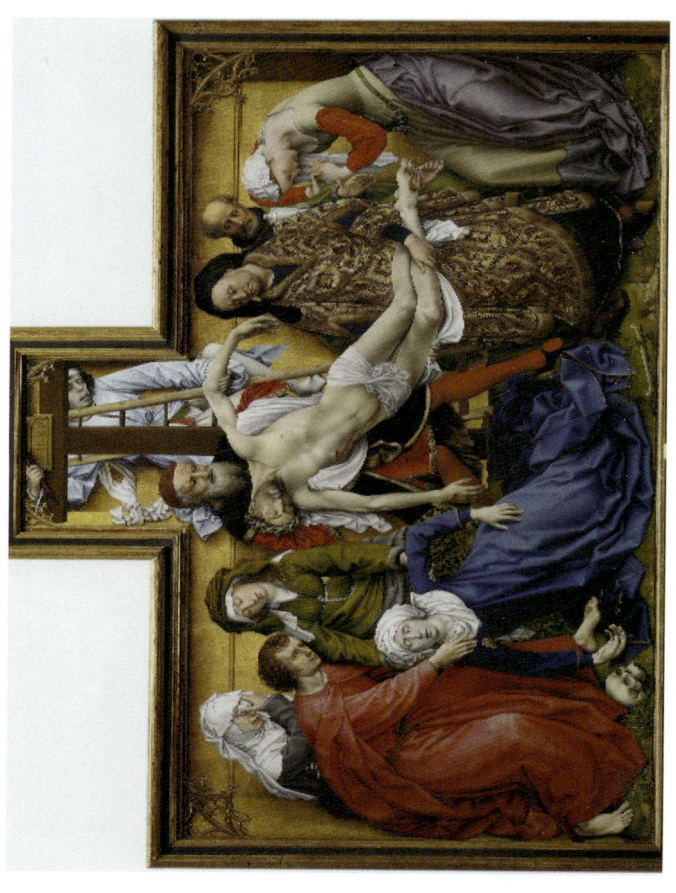

Rogier van der Weyden, *Descendimiento de la Cruz*, c. 1436
Museo del Prado, Madrid

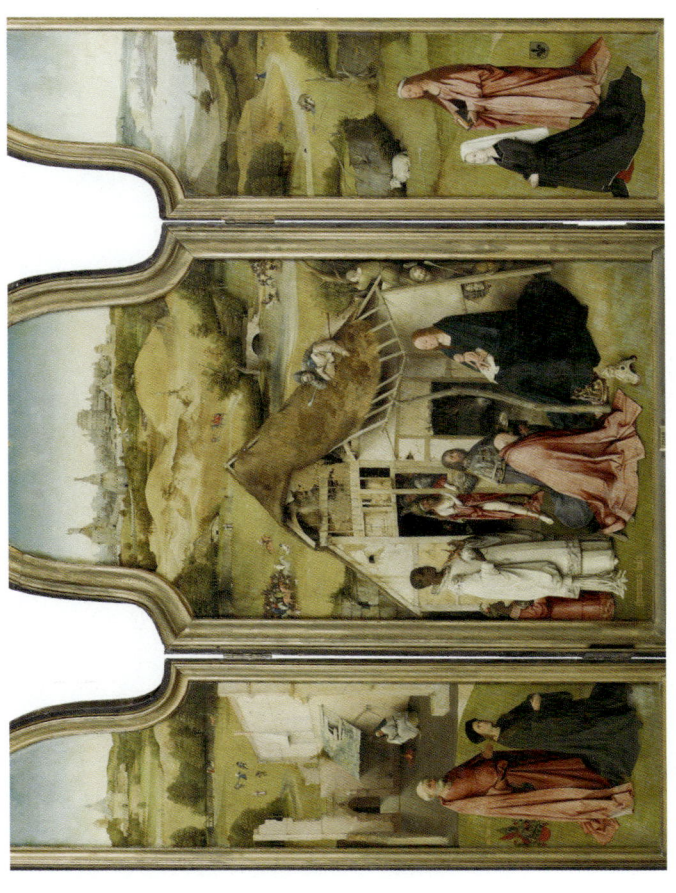

Jheronimus Bosch, *La adoración de los Magos*, c. 1495
Museo del Prado, Madrid

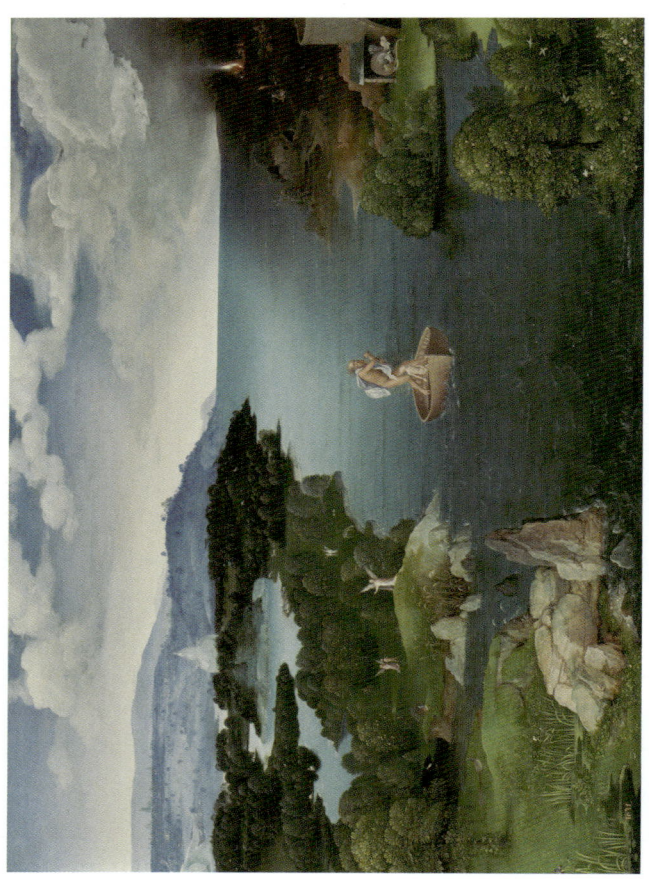

Joachim Patinir, *El paso de la laguna Estigia*, 1520-1524
Museo del Prado, Madrid

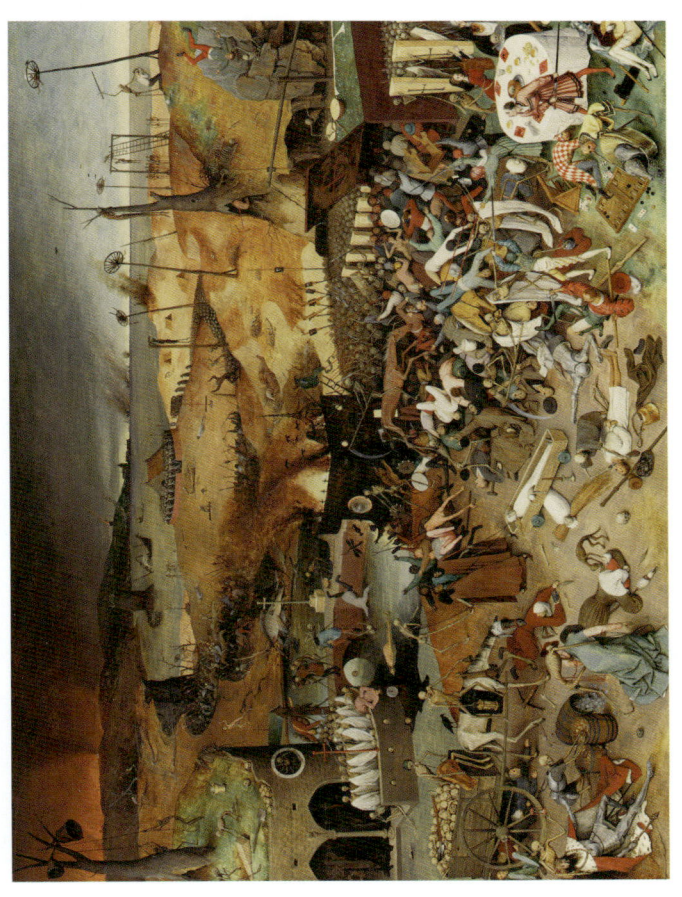

Pieter Brueghel, *El triunfo de la Muerte*, 1562
Museo del Prado, Madrid

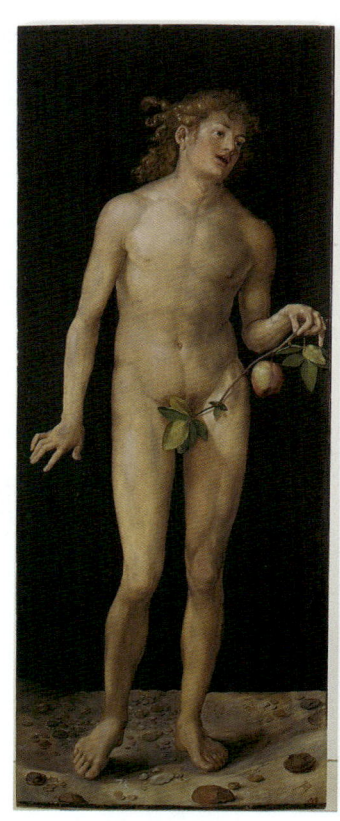
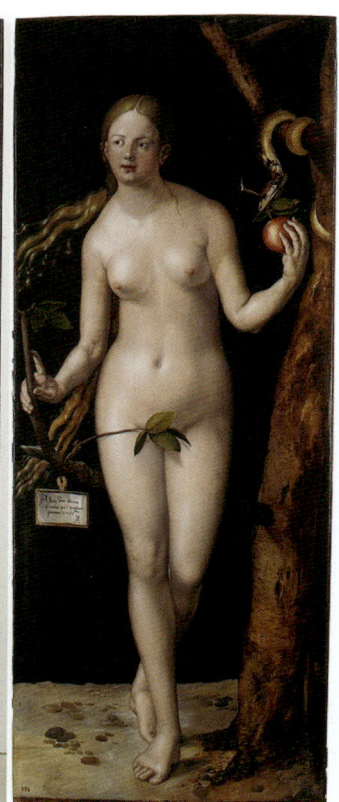

Albrecht Dürer, *Adán y Eva*, 1507
Museo del Prado, Madrid

una rueda multicolor que gira, un torbellino de oropeles y actitudes, una mascarada cegadora y siniestra; tan necesario e inesperado, tan imprevisto y fatal es en este sentido el aspecto de títere que adquiere espontáneamente a sus ojos el cuerpo humano, junto a la consistencia incorruptible de los rostros, la fijeza casi beatífica de las caras. Tal desacuerdo ve en la confirmación del edificio humano, con tanta insistencia señala la disparidad que existe entre la naturaleza mecánica y la espiritual, la ironía de este ligamento, la increíble desarmonía de este orden, el incomprensible desorden de esta armonía, que creo que nadie, ni Daumier, ni Breughel, ni Bosch, alcanzó un grado igual de crueldad y dolor.

Esta es la insustituible novedad de Goya, su descubrimiento singular: pintura de una humanidad que subsiste, sin saberse como, que ríe, que está contaminada de corrupción en lo más hondo del cuerpo, pero que sigue subsistiendo, ofreciendo la imagen anticipada de su eterna alternativa, y que no cesa de cantar y bailar, con una despreocupación desconcertante.

En la *Comunión de San José de Calasanz*, gracias a un esfuerzo admirable, las figuras no son, por el contrario, más que grandes planos inmóviles. Ningún movimiento, ningún temblor, salvo el de las caras, en medio de la noche que las sitia. Ante este cuadro la impresión mística se agranda irresistiblemente, tan cierto es que, para ser un místico, sólo le faltó a Goya haber tenido la atención menos dispersada por la diversidad del mundo y las contorsiones de las criaturas. Tanto es así que, aunque en escaso grado, lo era, no obstante, por la obsesión con que se asomaba a los rostros, y por la obsesión que pintaba en ellos.

Más pasmoso es aún el esfuerzo realizado en *La Maja*. Aquí sí que no hay nada de veladuras, nada de actitudes, nada de expresión violenta: un cuerpo inmóvil, perfecto, cuya materia no deja, sin duda, de evaporarse también, pero a la manera de las caras y sin mengua de su densidad. Se evapora para darse en hálito en torno suyo y embalsamar el aire con su incorruptible substancia.

No es carnal, como quiere suponerse, *La Maja Desnuda*. Es un cuerpo como glorificado, a la manera de algunos semblantes goyescos, forma hurtada a toda transformación.

Lo corruptible en Goya es la manera que tienen de transfundirse unos en otros los elementos del mundo material, la tremenda comedia que desempeñan las cosas colorísticas, cuya vida se reduce a su mutua relación: cuerpos que no existen sino por otros cuerpos.

El desnudo de *La Maja* llega al más puro grado de poesía por la sublimación realizada en él y porque el arabesco de la composición se halla francamente despojado y cerrado en sí mismo.

En las escenas de la vida corriente, pequeñas telas a las que Goya confía toda su amargura, la agitación de los cuerpos no fija la atención en las figuras, sino en la convulsión de las mismas, porque ofrecen la imagen de la ligereza y del movimiento en sí propias, porque no son más que madejas del desarrollo de un universo al que son indispensables y que las arrastra, las devora, las desvanece.

Los cuadros de Goya - a excepción de las caras (cuando en los retratos son insistentes y definidas) - son un trompo o giróscopo que va en torbellino.

Al contrario que en el Tintoretto, la impresión de movilidad no resulta aquí del encaje de las curvas, de la repetición rítmica de las formas, sino más bien de una agitación frenética de los colores.

Es el suyo un universo de manchas salidas de los contornos. Más que sucederse las unas a las otras, se extienden a la manera de haces eléctricos, de vasos sanguíneos. Se funden en el aire como las jibias en el agua. Y, a fin de cuentas, en el aire es donde todas sus emanaciones se reúnen y mezclan, y, componiéndose, llegan a su máxima y plena expresión; en el aire es donde no queda ya más que la nube y el nimbo de los cuerpos, su neblina y su halo; en este aire de una riqueza de joyel, donde todas las joyas del mundo se funden, el movimiento desordenado del género humano halla su fin y su razón de ser, su unidad y su paz.

Y cuando en medio de tal torbellino se destacan algunos rostros - por ejemplo en los modelos para tapices -, antes que la unidad de las escenas, lo que se desprende es el dualismo de cada personaje. Antes que lo trágico, la caricatura.

No es ninguna virtud mística lo que le vale directamente a Goya su extraña grandeza, sino el sentido más penetrante de la doble naturaleza de los seres, de su duplicidad involuntaria, de la universal analogía de los cuerpos entre sí y entre estos y el mundo: es el arte de descubrir lo constante en medio del caos.

Tiene una última categoría de obras más paradójicas. Tal es la decoración, por así decirlo, religiosa de San Antonio de la Florida, obras menos religiosas que sus mismas escenas anticlericales; más encogidas, menos apasionadas.

Velos flotantes, ropajes relumbrantes. Sólo el motivo de ellos, casi imperceptible, justifica su presencia en el templo.

Los cuerpos se sustentan como en ninguna otra obra de Goya, de una manera que no es perecedera, ni estática, ni golosa. Figuras tranquilas y satisfechas. Por descontado esta obra es antirreligiosa y antimonumental. Los personajes viven en sí mismos como ciegos. Son carnes profanas y limitadas, o más bien vestidos animados; pero ni deformes, ni líricos como tantos personajes frenéticos de sus cartones. Ropajes que se agitan; admirable ocupación de superficies coloreadas.

Allí donde ha de haber ángeles, hace volar cupidos, tan individualizados que la mirada se hiela sobre ellos. Todo lo contrario, en fin, a una invitación al éxtasis. La ironía feroz de Goya reaparece aquí por este rodeo.

EL ESCORIAL

Deslumbrante *San Pedro* del Greco.

Todo el efecto está producido por el ropaje que es tanto más bello cuanto más se aleja de los ropajes verdaderos.

Algunas formas sugieren el movimiento mejor que por medio de la agitación de que están dotadas, por su semejanza con ciertos espectáculos de la naturaleza (¿un paisaje, una colina, algunos árboles?). Y lo que constituye esta originalidad del Greco tan viva, acaso se reduzca a la extraña forma de sus personajes, forma de arroyo que resbala, de cumbre que surge por encima de las nubes. La forma humana en el Greco sólo sirve para ayudar a la memoria, pues la conduce al alfabeto del universo.

Por este procedimiento todo gran arte no sería sino un encantamiento cósmico. Gracias al arte de un pintor, un cuerpo humano se convierte en síntesis de ciertos aspectos del mundo.

Es extraño que el *San Ildefonso* que hace par con el *San Pedro*, y cuyo andar tiene tan prestigiosa libertad, esté cargado de un vestido tan denso en el cual se concentra la atención. Y sin embargo, no aplasta la figura; sino que gracias al acuerdo tan logrado con que la frescura de los tonos y los verdores reproduce a través de sus bordados la imagen real, parece representar una pradera y no una casulla, en medio de la cual, se extiende el blanco palio con las dos cruces, lo mismo que el agua circulante de un río.

Hay aquí lo mismo que en el *San Pedro*, una caída que arrastra, o mejor a la inversa, una vertiginosa ascensión de nubes, repleta de la misma poesía.

Y de, vez en cuando, una forma limpia y blanca en que la mirada descansa.

¿Ascensión? ¿Deslizamiento? ¿Hay ningún cuadro del Greco que deje de evocar, más bien, un fondo fuliginoso de relámpagos zigzagueantes? Y el secreto del Greco es que, sobre un fondo de cielo tempestuoso, sus personajes se muestran espontáneamente análogos a una densa lluvia traspasada de rayos.

La blandura de los cuerpos del Giordano, a pesar de que sugieren evocaciones de formas cósmicas, es una prueba de que no basta con despertar analogías. Es menester que además las anime la aparente densidad de los pretextos pintados.

Pero, sea como quiera, lo más hermoso que he visto hasta ahora fue aquel espectáculo que contemplé a través de la verja del viejo templo: paisaje inmenso y silencioso, desarrollo inmóvil de verdores quemados, de tierra monda, de cielo incandescente.

A la derecha, se levanta una montaña de doble cima rocosa, como un portapalio que se inclinase al nivel de la meseta, para levantarse casi a pico al otro lado de un estanque poblado de cisnes, por encima de una especie de "loggia" que, con el parapeto del estanque, limita el palacio, el jardín y el espíritu.

¡Extraño jardín! Geométrico y sin sombra.

¿Jardín? No hay más que arabescos de bojes podados sobre una terraza de piedra a la altura de medio cuerpo, en toda la longitud del muro del palacio rectilíneo y exacto.

Sube una fragancia de rosas del envarillado de los muros comido por el sol.

Y frente a este muro, delante de esta terraza ceñida, el paisaje grave y marchito, los ramajes brillantes, todo desfallece en medio de una luz en la cual parece infundirse. Desdoblamiento infinito del campo, desarrollo de una meseta sin obstáculos, crepitante y doliente, tierra casi de un África que mostrase sus últimos árboles.

Las golondrinas evolucionan por el ámbito.

El horizonte que orla este espacio inmenso, cuajado en la luz, es una vaga línea azul donde se condensa el cielo.

Ni una sola sombra, ni un asomo piadoso.

Una franqueza que tiende al propio sacrificio. Una apasionada austeridad.

No me olvidaré fácilmente de aquella incandescencia, de aquel inmenso despoblado de árboles y luz, en la presencia febril y permanente de Dios, en una indefinida prosternación.

La fachada del palacio, más desnuda que una cárcel: esencial y como calcinada. No recarga esta imponente superficie ornamento alguno. Ocho columnas sin capitel; la noche oscura del alma.

Y alrededor de la plaza, otros monumentos en contrabajo, más severos si cabe, reflejan una incomparable falta de deleite.

La monotonía, casi insoportable, de la pureza.

Esta individualización de las formas, esta manera de extremarse que tiene cada criatura, renueva aquí el carácter español del arte de Velázquez. Ved un palacio, un desierto, un cielo. Ni una nube en lo alto, ni una sombra en la tierra, ni una mancha en la desnudez de estos muros. Una especie de imperativo de perfección distingue estas formas sin accidente; un frenesí que las empuja hasta la absoluta declinación.

En esta extraña fiebre de pureza es posible que haya subsistencia de alguna derivación mora: ¿podría encontrarse en este despojo ornamental, la huella de otros arabescos que fuesen obra humanizada?

Obras pictóricas

Ante los tintorettos vuelvo a encontrar mis embriagueces y aun ciertos aspectos del paisaje veneciano. Prodigiosas volutas, con las que corresponden en idioma sobrehumano las bóvedas de los alcázares y las posturas de los cuerpos.

Semejante unidad se ordena e impone sin que los ojos sepan cómo, y hay un acorde tan sobrenaturalmente poético entre todos los elementos de sus telas, que hace que uno se sienta como en el transporte de una música.

El espacio está medido en todos sentidos. El pasado resucita. Toda Venecia, recobrada.

Gran fuerza emotiva tiene también la célebre *Deposición* de Van der Weyden, y uno advierte que se reduce igualmente a un extraño desdoblamiento de curvas.

La primera une el gorro de José de Arimetea, el brazo superior de Cristo y la línea del cuerpo de la santa que hay a la derecha.

Otra, parte del tocado rojo de la mujer que se encuentra junto a la figura del Señor y describe todo su cuerpo.

Otra, por fin une a la santa del tocado blanco, a San Juan y a la Virgen. Esta última curva está trabada en sentido opuesto a la primera.

Las dos curvas de los lados describen dos elipses opuestas, como las que delinean y contienen un huevo. La parte avanzada es la del cuerpo de Cristo. Por otra parte, este cuerpo es de un sintetismo muy curioso. Las piernas y el torso repiten la curva izquierda. El brazo y la mano derechos se internan en la curva descrita a la derecha. No hay, pues, en esta obra mera analogía con una figura geométrica, sino con una forma natural y concreta.

Una de las composiciones más desconcertantes que puedan verse: un grupo de hombres, vestidos con cuerpos ceñidos y resplandecientes, ocupa gran parte de la derecha, y aun algo de la izquierda del cuadro. Son figuras de tamaño natural.

A la izquierda, por todo el resto de la tela bulle como un arroyo un hormiguero de cuerpecillos desnudos, con algunos toques resplandecientes de amarillo y azul. La mitad superior de este lado está toda ocupada por una reunión de ángeles, algunos de ellos boca abajo. Y desde lo alto a la base, rayos de una claridad casi sólida.

No se experimenta al principio más que un increíble desequilibrio entre unos cuerpos enormes y otros minúsculos, en medio de una estridente acritud de tonos; luego un efecto de arco iris que se impone de manera imperiosa. Fin de tormenta coronado por todo el espectro solar.

Causa asombro el inmenso valor que adquiere hasta la más insignificante ala de ángel, la más leve palma, el cuerpecillo más miniado. Esta tela es más bizantina que occidental, y ante ella no atina uno a pensar sino que se halla en presencia de una de las más fabulosas invenciones de que se tiene noticia.

Una vez saturado de esta vaga, y por tanto indiscutible, emoción, se traslada uno al castillo. Allí se encuentran reconstrucciones del tiempo de Felipe II: figuras de cera con vestidos de la época, el sillón del rey. La verdad es que la reconstrucción de las habitaciones no causa la menor impresión. Es un remedo simiesco de la existencia, exhumación del cuerpo sin vida. Y de lo que uno se asusta es del gran interés que creen hallar en esto la mayoría de las personas. Y surge la duda de cómo es posible que el alma sea privilegio de todos.

Entonces vuelve uno a las salas capitulares, y se encuentra de nuevo con Velázquez. Es de creer que, viviendo en medio de sus grandes telas, las compusiera todas en función unas de otras, fragmentos de una arquitectura ideal, pues, aquí, este cuadro aislado no parece sino un fragmento, y no causa mayor efecto que una composición académica.

Entre Ribera y el Veronés, Velázquez; no llega a su densidad.

Se encuentra uno otra vez, por contraste, con el *San Mauricio*, que arde por sí solo. El movimiento de los brazos, las manos y aun las piernas, como torcidas y labradas por la sombra, deformadas por la luz, sorprendentes por su diversidad de formas y posturas, y las arrugas apenas carnosas

de los cuerpos, conducen por la tela la misteriosa electrici-
dad de un cielo tormentoso.

No puede uno irse. El barroco de esta composición fra-
gosa, de este diálogo entre el cielo y la tierra, de esta facili-
dad de violar todas las leyes de la luz y la gravedad, de esta
cacofonía ululante, crispadora y enajenadora, levanta y
hostiga en el ánimo mil preguntas e inquietudes. La luz
devora los cuerpos. Todos ellos transfigurados, evolucionan en un plano desconocido.

La densidad de la tierra, el ritmo de los colores, la expresión estática de los rostros, el alargamiento de los torsos,
todos los detalles convencen al espíritu de que se han separado de la pintura y del mundo, y de que huyen a grandes
aletazos. Todo vibra, todo vive. Semblantes, manos, cintas
y casacas, pomos de espada, sedas de estandarte, todas las
moléculas de esta tela parece que están henchidas de una
fuerza oculta que las anima y difunde, que las hace constituirse en multiforme e incomprensible unidad. Esta pintura consigue, por medios estrictamente plásticos, exceder lo
humano en las escenas puramente humanas. Parece imposible todo intento de análisis de esta obra. Está concebida
y compuesta en éxtasis. Se palpa la posibilidad de un
nuevo lenguaje que comienza en el límite cierto sentido en
que nunca se emplearon las palabras, la eventualidad de
un empleo desconocido del cuerpo humano, la existencia

de un reino prodigioso en el que aun no hemos conseguido aterrizar y que, no obstante, está al alcance de la mano. Y se sueña en pueriles y legendarios archipiélagos del espíritu.

Después de esto, las imaginaciones de Bosch y Patinir no resultan ser más que formaciones pacientes, artificiales, premeditadas, de fantasías sin segundo plano, de delirios metódicos.

Resulta evidente el señalado parentesco con el Tintoretto. Así lo prueba cualquier detalle, como el zigzag del color en la manga de uno de los invitados de la *Comida en casa de Simón*. La fidelidad de los detalles no podría dar por resultado este temblor del cuerpo, ni sugerir así la densidad, el movimiento, la luz. ¿Síntesis de mil estudios previos? ¿Procedimiento de la pincelada cuyo único objeto es actuar en un mundo más real que nuestra realidad? Tales son los inquietantes presentimientos que sólo al Greco estaba reservado realizar.

ZURBARÁN Y GOYA EN LA ACADEMIA

Arrodillado, un religioso cuya sotana negra ornan dos corazones inflamados; su ángel le muestra a Jesús, la Virgen a otros ángeles. El músico y el de la guarda son de una extraña hermosura, y ésta se halla toda prendida en los reflejos y los pliegues del ropaje. Son reflejos y pliegues grequianos, pero con mayor brillantez.

La construcción de este cuadro de Zurbarán descansa en el triángulo del ropaje de la Virgen y del de los ángeles, y aun los tres ropajes repiten idéntica dirección. En efecto, toda la belleza del cuadro se ciñe al esplendor de estas vestiduras, como si lo demás de la composición no sirviera sino de contraste. Estos tres vestidos de colores tan distintos entonan la gloria del sol en medio de la nieve, con irisaciones de glaciar.

Puede que a Zurbarán le fuese reservado el privilegio de evocar la poesía de las alturas en los espectáculos humanos.

Le obsesiona la blancura de las nieves. La hace surgir en las tonalidades más umbrías.

Más comprensibles son aun, en este sentido, sus grandes monjes blancos.

Pero al pasar de esta plasmación de la pureza, al retrato de *La Tirana*, por Goya, una extraña liebre se nos apodera del espíritu. Sin interrogarnos acerca de la manera de producirse esta poesía, experimentamos claramente una vivida impresión insuperada.

Sobre todo, este retrato ensañado y liviano, rico y sobrio, dosificado con minuciosidad, puede que sea, juntamente con la *Comunión de San José de Calasanz*, el cuadro español que se dirige a los más espontáneos resortes emotivos.

Como el Tintoretto en Venecia, Goya asombra por la virtud con que hace que los hechizos de su plástica surjan al acto. En todo cuadro de Goya hay una atmósfera de combate que amostaza el olfato y que ensordece al tiempo que deslumbra. Todos los sentidos se sienten captados. Pero así como en las escenas del Tintoretto es tan fácil descomponer los elementos a la vez arquitectónicos y musicales, ante Goya se encuentra uno lleno de desconcierto por su total ausencia de ritmos plásticos. Su música es la de la misma realidad. Únicamente sus fondos se apartan de la atmósfera, del ámbito verdadero. Además, se observa con frecuencia que las carnes resultan en sus figuras mucho más inmateriales que en cualquier otro pintor, sus vestidos más adheridos, livianos y transparentes y, en fin, que las figuras y el fondo tienen en sus lienzos tal concordancia (no tanto en los rasgos como en la sutil esencia), que nunca ha sido igualada por la relación entre el ambiente y la carne en ningún otro pintor.

Por otra parte, si separásemos del fondo el primer término y lo redujéramos a su sola forma, encontraríamos en este retrato una emanación vaporosa de que ni la carne viviente puede dar idea.

Es que este es el único pintor que posee el sentido de lo que hace que el negro, el rosa, el rojo y el oro se combinen y correspondan, de suerte que un cuerpo de mujer parece reducirse, a fin de cuentas, a la sola relación de estos valores tónicos.

Pero este rosa no está empastado externamente. Más bien es florecimiento de sangre, a través de la transparencia carnal.

Acaso la grandeza de Goya se deba a haber hecho trasparecer el color, la fluidez, el calor y la brillantez de la sangre humana en toda forma, espectáculo, luz, árbol y piedra; por haber revelado en sus retratos el dinamismo interno de las figuras, su inestabilidad psicológica.

Por medio de una analogía prodigiosa, ha hecho perceptible la emanación de los cuerpos, impregnando de vapor sanguíneo el aire, la claridad en que la carne se baña.

Misterio evocador del que se realiza cuando el sacerdote consagra en el altar. Goya desparrama la sangre, y al mismo tiempo, reintegra al hombre a la circulación de los seres, transforma el mundo en jardín del género humano.

Si tuviera que resumir, en suma, de un solo trazo las obsesiones más enloquecedoras de Goya, diría que están pintadas con sangre, y que ésta se diluye en humo, al paso que se la ve circular por sus obras más instintivas: horrores de la guerra, escenas tauromáquicas, motivos de la Inquisición.

Este gran sacrificio simbólico se convierte en sacrificio meramente carnal, a causa de su ausencia absoluta de religiosidad, de lo cual no se libra Goya más que en una, que acaso sea la más bella de sus obras, esta *Comunión de San José de Calasanz*, en la que alcanza de improviso y por pura intuición, las más altas cumbres de una mística contra la cual se pasara la vida blasfemando, sin dejar de consagrarse a ella, sin advertirlo.

Goya es un fenómeno sorprendente de inconsciente fervor; víctima dolorosa de unas ilusiones que intentó ahogar, pero que no lograron más que desviar, para la propia condenación, su alma religiosa.

Obras pictóricas

La *Piedad*, de Morales: incomparable por su vehemencia. Los dos cuerpos, el de Cristo y el de la Virgen, se compenetran, se funden.

Es una transposición del dolor como hay pocos ejemplos en la pintura. El cuerpo de Cristo es de la tonalidad de la Cruz. Las hebras de sangre que fluyen de sus llagas están como solidificadas.

Está dotada toda la tela de una gravedad vertical, que la hace parecer cargada de peso celestial.

Bosch hace aparecer al hombre con su aspecto de insecto, casi de microbio.

Cuadros españoles de los siglos XV y XVI: faltos de interés, pues éste, en pintura, comienza en cierto grado de deformación, a partir del momento en que la obra esté provista de cierta capacidad analógica. Aparte los raros pintores que representan la orientación de ciertas ideas fijas, no hay sino anécdota y mediocridad. El genio estriba en tener una idea insistente: obsesión de un fantasma cuya huella aparece en todas partes.

La seguridad del trazo, del toque, aparte todo sentido simbólico, es lo que constituye los primeros indicios de genialidad. Pues el genio tiene, ante todo, arraigada la certera de sus obsesiones. Es una fuerza, un impulso sin reflexión ni arrepentimiento; es la sinceridad en lo arbitrario, la constancia en las afirmaciones, la unidad en la repetición.

El estudio interno del arte se reduce, en suma, al estudio de las ideas fijas de los grandes artistas, antes que a la rebusca de las raíces sociales de su obra. No hay estética sino por medio del psicoanálisis, en un sentido muy lato.

Sólo cuenta el poder explosivo de su visión interior, la potencia de esta despiadada obligación de informar y deformar más completa y totalmente el mayor número posible de seres y cosas. La energía, en suma, capaz, de metamorfosear la realidad. Todo gran creador hace el mundo a imagen y semejanza de su maravillosa equivocación. El mundo ilustra su obsesión, y él le impone la unidad de su tiránica tortura.

La unidad del mundo del Ticiano estriba en la palpitación de su luz, que anima todos los reflejos de un arnés, toda la piel de un perro, la misma piedra del sepulcro de Cristo. La sensualidad resulta secundaria. Sobre toda pasión le vence la que siente por la luz rubia.

Luego captada esta canción de sus profundidades, uno se aparta menos de sus imágenes por carnales, que por hallarlas amasadas en una claridad crepuscular y en un ardor de día estival. Ticiano es el emperador de los pintores. Yo no ceso de verle agigantarse. ¿Quién sabe si un día, comprendiéndolo mejor, no llego a tenerlo por el pintor más católico?

En Velázquez no veo esta misma pasión. Su única pasión es la de la pureza. Es un espíritu que no sueña más que en su elevación. Todas sus figuras se yerguen en pie. No hay nada que resulte un peso en su obra. Semejante arte simboliza la idea misma del ascetismo. Pero Velázquez desconoce la gloria de vivir.

Únicamente su Cristo, suspendido entre el cielo y la tierra, es una condensación inmutable, como la concentración de la luz. En torno a este sol, todos sus personajes tienden sólo a engrandecerse, a ascender. Todas las líneas de Velázquez sugieren lo que el Greco logró espontáneamente en fuerza de fe; pero sin dejar nunca la tierra ni romper sus contactos. El Greco pinta el movimiento en el seno de su esencia, en tanto que Velázquez representa el esfuerzo del espíritu que aspira tensamente.

Pero entre el Greco, el Ticiano y Velázquez, el pensamiento cristiano da una pauta de diversidad a cada energía.

El Greco expresa la exaltación de la forma en sus elementos de luz interior, así como el Ticiano lo hace por medio su absorción de la luz del mundo. Los españoles se arrancan el amor del fondo del alma. Los italianos lo reciben para gozarse en él.

La pintura italiana es circular. La pintura española, vertical.

www.casimirolibros.es